2,–

Germanistische Arbeitshefte 2

Herausgegeben von Otmar Werner und Franz Hundsnurscher

Franz Hundsnurscher

Neuere Methoden der Semantik

Eine Einführung anhand deutscher Beispiele

2., durchgesehene Auflage

Max Niemeyer Verlag
Tübingen 1971

ISBN 3-484-25010-0

Printed in Germany · Druck: Karl Grammlich Pliezhausen

INHALTSVERZEICHNIS

VORBEMERKUNGEN

Wegen der unüberwindlich scheinenden Systematisierungs- und Formalisierungsschwierigkeiten, und weil man befürchtete, daß sich bei der Beschäftigung mit "Bedeutung" subjektive und intuitive Elemente sozusagen durch die Hintertür in das eben mühsam auf den Prinzipien der formalen Beschreibung und der methodischen Exaktheit errichtete Linguistik-Gebäude wieder einschleichen könnten, blieb der Bereich der Semantik lange Zeit weitgehend aus der linguistischen Diskussion ausgeklammert; das gilt vor allem für den amerikanischen Strukturalismus (Bloomfield, Harris).
Die europäischen Sprachwissenschaftler standen semantischen Problemen aufgeschlossener gegenüber; man faßte zwar die "Bedeutungslehre" vorwiegend als "Lehre vom Bedeutungswandel" auf (Erdmann, Sperber), aber in dieser Tradition stehend gelang es Jost Trier in seinem Buch "Der deutsche Wortschatz im Sinnbezirk des Verstandes" (1930) eine Theorie zu entwickeln, die als "Wortfeldtheorie" bekannt geworden ist und von der wichtige Impulse für die strukturelle Beschreibung von Bedeutungszusammenhängen innerhalb eines Wortschatzes ausgegangen sind. Triers Gedanken wurden vor allem von den Vertretern der Sprachinhaltsforschung, voran Leo Weisgerber, aufgegriffen und weiterentwickelt. Vertreter paralleler theoretischer Ansätze auf dem Gebiet der Semantik sind S. Ullmann, J. Lyons, B. Pottier, E. Leisi, A.A. Ufimčeva, um nur einige Namen zu nennen. Am konsequentesten hat L. Hjelmslev versucht, der Semantik einen festen Platz innerhalb einer umfassenden Sprachtheorie zu geben, vor allem indem er die Methoden der Ausdrucksanalyse analog auf die Inhaltsanalyse anwandte. Gemeinsam ist ihnen der strukturelle Ansatz, d.h. es geht ihnen in erster Linie um eine Beschreibung der semantischen Beziehungen zwischen den Wörtern (Lexemen) einer Sprache und das Aufzeigen von Bedeutungskonfigurationen. Ein Hauptvertreter dieser aus europäischer Tradition erwachsenen "paradigmatischen Semantik" ist gegenwärtig Eugenio Coseriu.
In Amerika war inzwischen der Strukturalismus in einen neuen theoretischen Rahmen gestellt worden: Ausgehend von der These. daß die Sprache als Regelsystem beschrieben werden müsse, das dem Spracherzeugungs- und Verstehensprozeß eines kompetenten Sprecher/Hörers zugrundeliegt, entwickelte Noam Chomsky seit 1957 die generativ-transformationelle Grammatik-Theorie, in der die Syntax eine zentrale Stellung einnimmt.
In dem Aufsatz "The Structure of a Semantic Theory" (1963) von Jerrold J. Katz und J. Fodor und in dem darauffolgenden Buch "An Integrated Theory

of Linguistic Descriptions" (1964) von Jerrold J. Katz und Paul M. Postal wurde der bahnbrechende Versuch unternommen, die Semantik als integralen Bestandteil in Chomskys sprachtheoretisches Modell einzuführen und daraus die Prinzipien einer neuen Semantiktheorie abzuleiten. Chomsky hat sich diesem Versuch angeschlossen und ihn in dem Buch "Aspects of the Theory of Syntax" (1965) in die neue Version seines TG-Modells aufgenommen. Der Grundgedanke dieser "syntagmatischen Semantik" besteht in der Einsicht, daß es darauf ankomme, die Beschreibung der semantischen Komponente der Sprache unter dem Gesichtspunkt ihrer Einbettung in das Gesamtsystem einer Sprachbeschreibung vorzunehmen, die primär an syntaktischen Strukturen orientiert ist, d.h. die semantischen Verhältnisse innerhalb des Satzes zu beschreiben und zu erklären.
Als einer der ersten in Deutschland hat Manfred Bierwisch die Gedanken von Chomsky und Katz aufgegriffen und sich mit Untersuchungen zur Syntax und zur Semantik in die Diskussion eingeschaltet. Daneben haben die Arbeiten Klaus Baumgärtners vor allem in Westdeutschland die wissenschaftliche Beschäftigung mit Fragen der Semantik vorangetrieben.
Der Katzsche Vorschlag stieß einerseits auf die Ablehnung der "logischen Semantiker", etwa J. Bar-Hillels und auf die scharfsinnige Kritik der strukturellen Semantiker, namentlich von E. Coseriu; andererseits erhob sich Kritik im eigenen Lager, etwa von Seiten Uriel Weinreichs. Dies führte zu Gegenentwürfen, die als "generative Semantik" bereits Gestalt angenommen haben und kritisch gegen die "interpretative Semantik" nach dem Katzschen Modell Stellung beziehen (Fillmore, McCawley, Ross, Lakoff). Die Auseinandersetzung ist in vollem Gange (Vgl. Jerrold J. Katz, Interpretative vs. Generative Semantics, 1970).

Angesichts der verschiedenen theoretischen Ansätze auf dem Gebiet der Semantik ist es sehr schwierig, eine Einführung zu geben und weitgehend unmöglich, verbindliche und unangefochtene Methoden zu vermitteln. Es ist aber durchaus möglich und auch sinnvoll, zu zeigen, wie man bisher, erst noch an Beispielen experimentierend, versucht hat, an semantische Fragen heranzugehen. Unabhängig davon, wie diese semantischen Analysen einmal in eine tragfähige Gesamttheorie eingebaut werden, können diese Experimente ihren methodischen und heuristischen Wert behalten.
Dieses Heft sollte als erster Vorschlag und Leitfaden für die Behandlung der Semantik im Proseminar verstanden werden. Zwei Überlegungen lassen die Beschäftigung mit Semantik im Proseminar auf fortgeschrittener Stufe sinnvoll erscheinen: 1. Die Erfahrung lehrt, daß es sehr schwer ist, das Interesse der Studenten für die Methoden formaler Sprachbeschreibung, sei es im Rahmen des Strukturalismus, sei es innerhalb der generativ-transformationellen Sprachtheorie, zu wecken, wenn semantische Probleme stets mit dem Hinweis auf deren Komplexität und theoretische Ungeklärtheit beiseitegeschoben werden müssen. 2. Die Notwendigkeit rigoroser Formalisierung bei der Sprach-

beschreibung läßt sich am Beispiel der Semantik am besten demonstrieren: die Menge des lexikalischen Materials und die Vielfalt der möglichen Aspekte zwingen zu überlegter Auswahl und ökonomischer Darstellung.
Als didaktischer Einstieg scheint das Katzsche Semantik-Modell gut geeignet: Es erlaubt die Verwertung der Ergebnisse der strukturellen Semantik bei der semantischen Beschreibung der Wörter und gleichzeitig die syntagmatische Umpolung dieser Ergebnisse. Die enge Anlehnung der Semantik an die Syntax im Rahmen der generativ-transformationellen Sprachtheorie verleiht einer Einführung in die Probleme der Semantik willkommene Orientierung und methodische Schärfe. Auch scheint es für den Anfänger von hier aus am leichtesten möglich zu sein, den Anschluß an die Forschungsdiskussion zu finden.
Das erste Kapitel gibt eine Einführung in ein generativ-transformationelles Syntax-Modell und behandelt die wichtigsten Komponenten der Katzschen Semantik-Theorie. Es folgt eine Erläuterung der Selektionsregeln und die Einführung der semantischen Merkmale. Anhand mehrerer Beispielanalysen werden semantische Probleme im Bereich des Substantivs behandelt. Zwischen diesem Abschnitt und weiteren Analysebeispielen aus dem Bereich der Verben und der Adjektive sind einige Exkurs-Kapitel eingeschoben, welche Fragen der Überprüfbarkeit semantischer Aussagen und der Ermittlung eines Kernwortschatzes behandeln. Auf eine Darstellung der Probleme der Satzsemantik (Brekle), der semantischen Universalien (Bierwisch), der semantischen Meßmethoden (Osgood), u.a. mußte im Rahmen dieser ersten Einführung verzichtet werden, ebenso auf die semantische Behandlung von grammatischen Kategorien wie Modus oder Tempus (Baumgärtner, Wunderlich). Es werden also im wesentlichen Ausschnitte einer Semantik der Haupt-Wortarten vorgeführt unter Berücksichtigung ihrer Beziehung zur Syntax.
Dem Studenten soll anhand der Analyse- und Darstellungsbeispiele auch erste Hilfestellung zu selbständiger Analyse semantischer Komplexe und zur Auseinandersetzung mit semantischen Fragen allgemein geboten werden, und er soll so auf die in der Semantik-Fachliteratur auftauchenden Probleme vorbereitet werden.

1 DIE STELLUNG DER SEMANTIK IN EINEM FORMALEN SPRACHMODELL

1.1 Theoretische Vorannahmen

Jede Sprachtheorie muß dem Faktum Rechnung tragen, daß die Menschen sich mit Hilfe strukturierter Lautketten verständigen. Ausgehend von dieser Beobachtung könnte man in der Linguistik eine Aufgliederung des Phänomens Sprache in drei Ebenen vornehmen, die man als Phonologie, Syntax und Semantik bezeichnen könnte; die Phonologie würde dabei die lautliche Seite der Sprache umfassen und die Semantik die Bedeutungsseite. Der Syntax käme dann die Aufgabe zu, die Verbindung zwischen beiden Ebenen herzustellen und die Relationen zu beschreiben, die zwischen den beiden Ebenen bestehen.

Die Lösung eben dieser Aufgabe hat sich die Transformationsgrammatik zum Ziel gesetzt. Sie begnügt sich dabei nicht mit der Analyse der Struktur gesprochener oder geschriebener Sätze, also manifester Äußerungen, sondern zielt letzten Endes darauf ab, das Sprachvermögen eines idealen Sprechers/Hörers zu beschreiben und dabei die Regeln anzugeben, nach denen sich die Sprecher/Hörer einer Sprachgemeinschaft richten, wenn sie wohlgeformte Sätze ihrer Sprache verfertigen und verstehen. Damit ist die theoretische Ausrichtung der Transformationsgrammatik und der Modellcharakter dieser Art von Sprachbeschreibung umrissen.

Mit der Formulierung "idealer Sprecher/Hörer" soll angedeutet werden, daß hier von Faktoren wie: regional gefärbte Aussprache, schichtenspezifische Ausdrucksweise, Konzentrationsschwäche, organische und psychische Störungen, usw. zunächst einmal abgesehen wird. Selbstverständlich gehört auch eine Untersuchung dieser Faktoren in den Bereich der Linguistik, und es kommen zugegebenermaßen nicht viele Äußerungen vor, die nicht in irgendeiner Weise von diesen oder ähnlichen Faktoren beeinflußt wären. Aber das sind vorwiegend Fragen der Sprachperformanz, also des aktuellen Produzierens von Sätzen beim Sprechen in der konkreten Sprechsituation, nicht Fragen der Sprachkompetenz, also des potentiellen Generierens, welches das Sprachvermögen jedes Angehörigen einer Sprachgemeinschaft ausmacht.

Die Transformationsgrammatik bezieht ihre Rechtfertigung aus dem Postulat, daß erst aufgrund einer genauen Kenntnis der dem aktuellen Produzieren zugrundeliegenden Sprachkompetenz eine begründete Aussicht besteht, die Wirkung der oben erwähnten Faktoren auf die Sprachperformanz in den Griff zu bekommen.

Eine ähnliche Rolle wie der "ideale Sprecher/Hörer" spielen die "wohlgeformten Sätze". Dabei wird vorausgesetzt, daß es möglich sei, durch Befragung von kompetenten Sprechern/Hörern, festzustellen, welche Sätze allgemein als "richtig" (akzeptabel) und welche dem Sprachgefühl der meisten Sprecher/Hörer als "falsch" (inakzeptabel) anzusehen sind. Sätze, über die keine Einigung erzielt wird, fallen deswegen nicht unter den Tisch, sondern werden zu einer linguistisch sehr interessanten Randklasse zusammengefaßt. Obwohl in der Praxis der Linguist seine eigenen Beispielsätze erfindet und bewertet, hat diese empirische Überprüfungsmöglichkeit eine wichtige Kontrollfunktion für linguistische Aussagen im Rahmen der Theorie der Grammatik. Neben der Entscheidung über "richtig" und "falsch" ist der kompetente Sprecher auch zuständig für die Entscheidung darüber, ob ein Satz mehrdeutig ist, ob zwei Sätze dasselbe bedeuten, oder ob ein Satz in sich widersprüchlich ist. Ein "kompetenter Sprecher des Deutschen" ist jeder, der das hochsprachliche Deutsch als Muttersprache beherrscht und sich vorwiegend dieser Sprache bedient.
Das Sprachvermögen des Sprechers/Hörers besteht darin, daß er einerseits in der Lage ist, syntaktische Strukturen zu erzeugen, ihnen Bedeutungen zuzuordnen und sie zu artikulieren, andererseits darin, daß er gewisse intuitive Urteile über die innere Organisation von Sätzen abzugeben imstande ist. Eine umfassende Sprachtheorie müßte eine Erklärung für beide Fähigkeiten geben können und auch dafür, wie diese Fähigkeiten erworben werden. Wir beschäftigen uns hier hauptsächlich mit dem Problem der Erzeugung und der Interpretation akzeptabler Sätze.

1.2 Das Sprachmodell der Transformationsgrammatik und die Struktur der syntaktischen Komponente

In dem in diesem Heft verwendeten Modell einer Transformationsgrammatik wird die Syntax als die zentrale und konstituierende Komponente aufgefaßt, die von den beiden interpretativen Komponenten Phonologie und Semantik flankiert wird. Wir verwenden hier "Interpretation" und "interpretativ" in einem besonderen Sinn: den syntaktischen Strukturen muß einerseits eine Bedeutung zugeordnet werden, andererseits müssen sie lautlich oder graphisch realisiert werden. Diese Zuordnungsmechanismen nennen wir "Interpretation".
Die syntaktische Komponente ist in sich wiederum strukturiert. Das folgende Schema soll die innere Organisation der syntaktischen Komponente und die Anschlußstellen der beiden anderen Komponenten veranschaulichen:

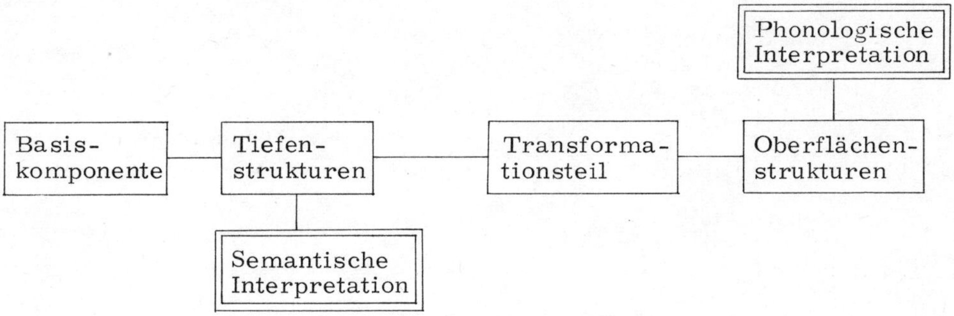

Schema 1: Struktur der syntaktischen Komponente in unserem Modell der Transformationsgrammatik.

In diesem Schema kommt die vermittelnde Funktion der Syntax zwischen Phonologie und Semantik zum Ausdruck und auch der Umstand, daß jedem Satz zwei Strukturbeschreibungen zuzuordnen sind: eine Beschreibung seiner Tiefenstruktur und eine Beschreibung seiner Oberflächenstruktur. Diese Unterscheidung ist für das Verständnis des Sprachmodells der Transformationsgrammatik sehr wichtig, daher ein Beispiel:
Die beiden Sätze

(1) Die Mutter liebt das Kind
(2) Das Kind wird von der Mutter geliebt

beschreiben denselben Sachverhalt; wir können sagen - wenn wir vom Problem der Topikalisierung einmal absehen -, sie haben dieselbe Bedeutung, aber verschiedene Struktur. (Unter "Topikalisierung" verstehen wir z.B. die betonende Hervorhebung einzelner Wörter mittels ihrer Anordnung im Satz, z.B. dadurch, daß sie an die Spitze des Satzes gerückt werden). Demgegenüber kann der Satz

(3) Edith erhielt das Buch von Klaus

auf zwei Arten verstanden werden:

(3a) 'Klaus gab Edith das Buch'
(3b) 'Edith erhielt das Buch, welches Klaus geschrieben hatte'

Satz (3) hat nur eine Struktur, aber verschiedene Bedeutungen. Eben zur Erklärung solcher Beobachtungen wurde die Unterscheidung zwischen Oberflächenstruktur und Tiefenstruktur eingeführt. (Adaptiert aus: Jaques Lerot, Zur Integration der Semantik in die Transformationsgrammatik.)

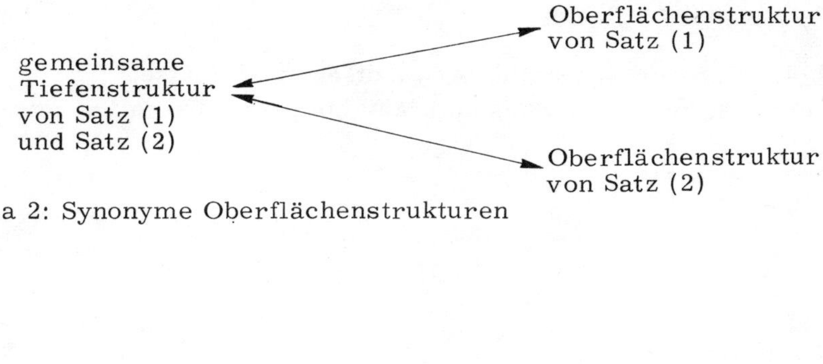

Schema 2: Synonyme Oberflächenstrukturen

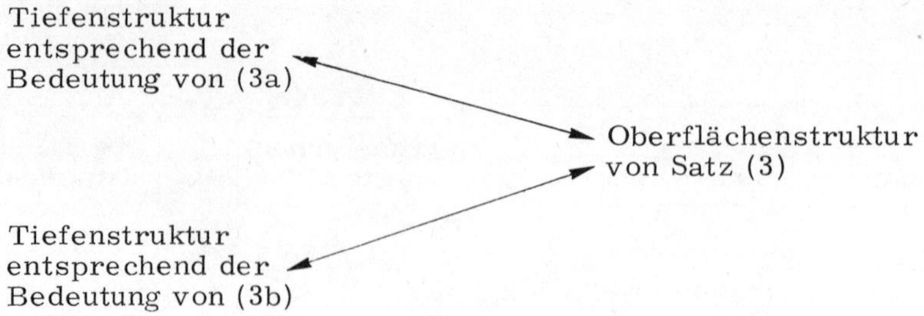

Schema 3: Heteronyme Oberflächenstruktur

Die Tiefenstruktur enthält alle für die Bedeutung eines Satzes wesentlichen Informationen. Die Repräsentation dieser Information in der Form eines konkreten Satzes ist die Oberflächenstruktur.
Tiefenstruktur und Oberflächenstruktur sind durch Transformationen miteinander verbunden. Wenn also zwei gleichbedeutende Sätze wie (1) und (2) vorliegen, so sagen wir, daß auf ein und dieselbe Tiefenstruktur verschiedene Transformationen eingewirkt haben, die zu verschiedenen Oberflächen geführt haben. Im Falle von Satz (3) haben wir verschiedene Tiefenstrukturen, die durch Transformationseinwirkung ein und dieselbe Repräsentation auf der Oberfläche erhalten haben.
Da die Transformationen nur die Repräsentierungsmechanismen für Tiefenstrukturen zur Oberfläche hin darstellen, wird die in der Tiefenstruktur festgelegte Information durch sie nicht tangiert: Transformationen verändern die Bedeutung eines Satzes nicht. Gleichbedeutende Sätze sind also über eine gemeinsame Tiefenstruktur transformationell miteinander verwandt.

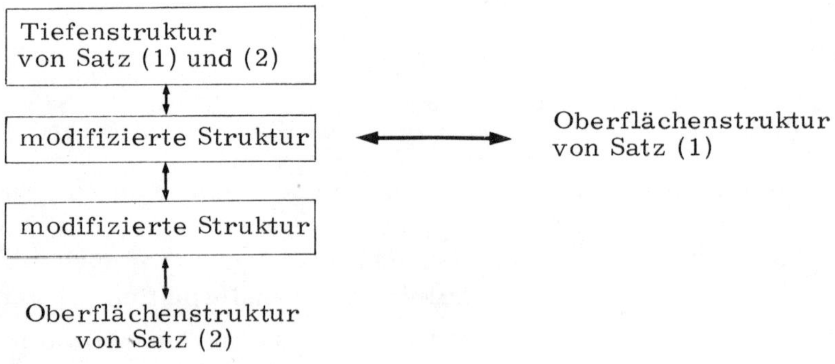

Schema 4: Transformationelle Verwandtschaft von Sätzen
(Adaptiert aus: Herwig Krenn und Klaus Müllner, Generative Semantik).

Die doppelseitigen Pfeile sollen andeuten, daß der Ableitungsweg eines Satzes sowohl von der Tiefenstruktur bis hin zur Oberflächenstruktur nachzuweisen ist, wie auch, daß die Tiefenstruktur von der Oberfläche aus zugänglich sein muß, wenn der Satz verstanden werden soll, d.h. die Tiefenstruktur muß aus der Oberflächenstruktur über den Transformationsweg erschließbar und vollständig rekonstruierbar sein.
Da nach dem von uns gewählten Sprachmodell die Transformationen keinen Einfluß auf die Bedeutung haben, brauchen wir die rechte Seite von Schema 1 in unserer Darstellung nicht ausführlich zu diskutieren; wir fassen nur kurz zusammen:

1. Der Transformationsteil der syntaktischen Komponente enthält diejenigen Regeln, welche syntaktische Tiefenstrukturen in Oberflächenstrukturen überführen, so daß wohlgeformte Sätze entstehen.
2. Die Oberflächenstrukturen sind die dem Sprecher/Hörer geläufigen Sätze einer Sprache (syntaktische Oberflächenstruktur = konkreter Satz minus Artikulation).
3. Erst die Phonologische Komponente enthält diejenigen Regeln, nach welchen die Umsetzung der Oberflächenstrukturen in artikulierbare Lautketten vor sich geht (vgl. Schema 1).

1.3 Die Erzeugung der syntaktischen Tiefenstruktur (Basisstruktur)

Da die syntaktische Tiefenstruktur die Grundlage bildet für die semantische Interpretation eines Satzes, ist eine genauere Behandlung der Zusammenhänge in der Tiefe notwendig. Die Tiefenstrukturen werden von der Basiskomponente erzeugt (siehe Schema 1). Die Basiskomponente besteht ihrerseits aus zwei Subkomponenten: einem Regelteil und einem Lexikonteil. Der Regelteil erzeugt Basisstrukturen von Kategorialsymbolen, der Lexikonteil liefert Formative mit bestimmten Informationen. Wir erklären diese Begriffe am Beispiel des Satzes

(6) Die Hunde bellen

Zur Erzeugung dieses Satzes sind im Regelteil der Basiskomponente die Kategorialsymbole S, NP, VP, Det und N vorgesehen. Diese Symbole werden durch folgende Regeln miteinander in Beziehung gesetzt:

1. Regelteil (Er liefert die Verknüpfungsregeln):

S
S ⟶ NP⁀VP
NP ⟶ Det⁀N
VP ⟶ V

2. Lexikonteil (Er liefert die Formative):

Det	:	die
N	:	Hunde
V	:	bellen

Es ergibt sich folgende (stark vereinfachte) Basisstruktur des Satzes (6)

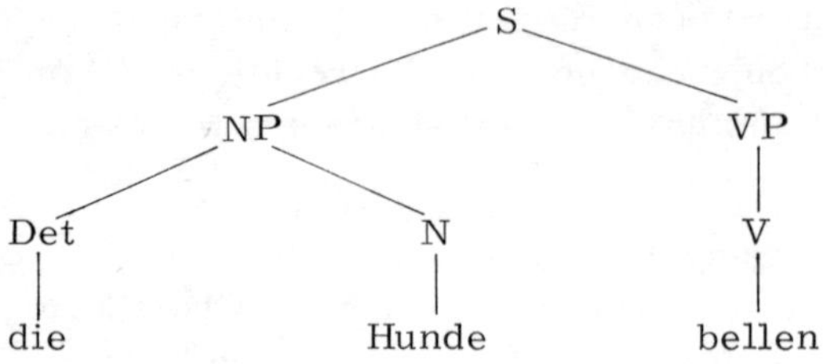

Schema 5: Basisstruktur eines einfachen Satzes

1.4 Die morphologischen Bedingungen der Wohlgeformtheit von Sätzen

Die eben vorgeführte Satzbeschreibung nennen wir "Minimalgrammatik". Mit diesem kleinen Apparat können bei entsprechender Erweiterung des Lexikonteils an Formativ-Inventar die Basisstrukturen vieler Sätze erzeugt werden, z.B.

Die Mädchen stricken
Die Köpfe rollen
Die Tage vergehen

Der Apparat würde aber einem Satz wie

(7) Der Hund bellt

dieselbe Basisstruktur zuschreiben wie dem Satz (6) Die Hunde bellen; dabei käme der Umstand, daß es sich in dem einen Fall (7) um einen, in dem anderen (6) um mehrere Hunde handelt, nicht zum Ausdruck. Diese Information ist aber wichtig, sollen die Sätze (6) und (7) richtig interpretiert werden. Es ist daher die Einführung eines zusätzlichen Symbols, z.B. Pl (für Plural) in die Tiefenstruktur notwendig.
Ähnliche Beobachtungen ergeben sich beim Vergleich der Sätze

(6) Die Hunde bellen
(8) Die Hunde bellten

Hier ist in der Basisstruktur der für die Interpretation des Satzes wichtige Umstand, daß sich der in Satz (6) bezeichnete Vorgang jetzt abspielt, der in Satz (8) sich vorher abgespielt hat, nicht ausgedrückt. Dieser Unterschied in der Zeitstufe macht die Einführung eines weiteren Symbols, z.B. Prät (für Präteritum), notwendig.

Durch die Einführung solcher Zusatzinformationen kann die Minimalgrammatik nach und nach erweitert werden, bis sie in der Lage ist, alle korrekten Sätze des Deutschen zu erzeugen.
Zunächst lenken diese Erweiterungen die Aufmerksamkeit auf die morphologische Struktur der Formative: Der Wechsel von Plural zu Singular verändert z.B.

Det : die ⟹ der
N : Hunde ⟹ Hund
V : bellen ⟹ bellt

Der Wechsel von 'jetzt' zu 'vorher' (von Präsens zu Präteritum) bedingt ebenfalls eine morphologische Veränderung von

V : bellen ⟹ bellten

Das Postulat der Wohlgeformtheit von Sätzen schließt auch die angemessenen morphologischen Veränderungen ein. Die Regeln dieser Veränderungen gehören zum überwiegenden Teil wohl in den Transformationsteil; es ist aber zu überlegen, ob nicht z.B. die Besonderheiten der Pluralbildung beim einzelnen Formativ im Lexikon vermerkt sein könnten. Für die Basiskomponente könnte das zur Folge haben, daß im Lexikonteil nicht die konkreten Wörter der Sprache als Formative angeführt sind, sondern daß die Formative als Morpheme gespeichert sind, die als Zusatzinformation unter anderem auch Angaben über morphologische Veränderungen bei sich haben. Die Formative des Satzes

Die Männer tranken

könnten im Lexikon etwa so gespeichert sein:

Mann- : [N-Formativ], [Pluralbildung: UL + er (Männer)]
trink- : [V-Formativ], [Präteritumbildung: Ablaut (trank)]

Dazu kommt noch die Veränderung von Det: als feststehendes Element läßt sich d- ansetzen, die endgültige Form hängt ab vom Genus des N-Formativs (mask.: d-er; fem.: d-ie; neutr.: d-as; Pl.: d-ie). Auch die Genuszugehörigkeit ist im Lexikon bei den N-Formativen angegeben und bestimmt die Form von Det auf der Oberfläche. Wir fassen diese Angaben unter dem Symbol Gk (grammatische Kennzeichnung) zusammen.
Die Basisstruktur von Satz (8) sähe also differenzierter so aus:

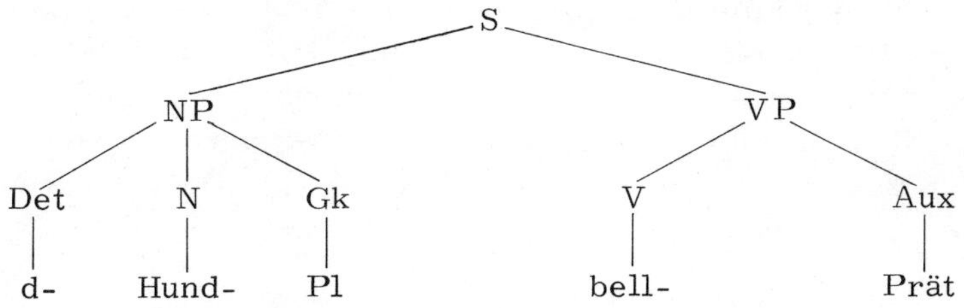

Schema 6: Basisstruktur mit Morphem-Notation

Wir sehen hier von einer ausführlichen Behandlung der morphologischen Prozesse bei der Entstehung wohlgeformter Sätze ab, weil die Semantik davon nicht unmittelbar berührt wird, halten aber fest,

1. daß jeder Interpretationsunterschied, der sich aus den Formen der Oberfläche ergibt, ein Element der Tiefenstruktur reflektiert,
2. daß das Postulat der "Wohlgeformtheit von Sätzen" eine fortlaufende Verfeinerung des Beschreibungsapparats erforderlich macht.

1.5 Der Umfang der Basiskomponente

Die bisher vorgeführten Strukturbeschreibungen bezogen sich auf einfachste Satztypen des Deutschen. Es ist klar, daß die Erzeugung aller im Deutschen möglichen Satztypen einen vollständigen Apparat von Kategorialsymbolen und Satzstrukturregeln zur Voraussetzung hat. Diese Vollständigkeit zuwege zu bringen, ist Aufgabe der Syntax, und ihre Darstellung gehört in eine Gesamtgrammatik des Deutschen.
Für unsere Zwecke genügt ein Ausschnitt, der zur Erzeugung der geläufigsten Satztypen des Deutschen hinreichend ist, d.h. der Sätze folgenden Typs zu erzeugen in der Lage ist:

	kategoriale Endkette (Basiskette)
Der Junge schläft	Det⁀N⁀V
Der Junge läuft schnell	Det⁀N⁀V⁀Adv
Der Hund frißt den Knochen	Det⁀N⁀V⁀Det⁀N
Der Minister denkt an die Zukunft	Det⁀N⁀V⁀Präp⁀Det⁀N
Der Kaffee ist heiß	Det⁀N⁀Kop⁀Adj
Das Wasser ist sehr kalt	Det⁀N⁀Kop⁀Adv⁀Adj
Der Gärtner ist der Mörder	Det⁀N⁀Kop⁀Det⁀N
Der Postbote ist draußen	Det⁀N⁀Kop⁀Adv

Im Lexikonteil führt dies zu einem Inventar von folgenden Formativklassen:

N, V, Kop, A, Präp, Det

Diese Formativ-Klassen repräsentieren den größten Teil des deutschen Wortschatzes. Sie sind die Entsprechungen der Wortarten der Oberfläche im Inventar des Lexikons. Jedes Formativ taucht im Lexikon auf und ist dort hinsichtlich seiner Wortartzugehörigkeit klassifiziert; diese Information gibt Aufschluß über die Verwendbarkeit eines Formativs an bestimmten Stellen der Basiskette und in bestimmten syntaktischen Funktionen.

1.6 Die grammatischen Funktionen der Kategorialsymbole

Die Basiskomponente erzeugt syntaktische Tiefenstrukturen und legt dabei gleichzeitig Hierarchiebeziehungen zwischen den Kategorialsymbolen fest. Auch diese Beziehungen sind ein Teil der Information, welche die Tiefenstruktur für die Interpretation eines Satzes bereitstellt, und sie haben konstitutive Funktion für die Satzbedeutung.
Die Basisstruktur des Satzes

(9) Die Hunde jagen den Hasen

kann man (zum Zwecke der Demonstration vereinfacht) so darstellen:

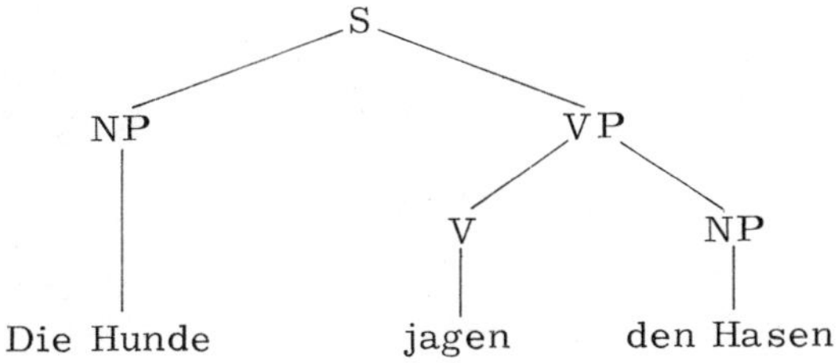

Beim Vertauschen der unter NP stehenden Formative ergibt der Satz eine andere Bedeutung:

(9') Der Hase jagt die Hunde

Die Formative übernehmen dabei verschiedene grammatische Funktionen, je nach den Hierarchiebeziehungen der Kategorialsymbole, denen sie zugeordnet sind. Wir bezeichnen die Hierarchiebeziehung zwischen

S und NP als "Subjekt des Satzes"

S und VP als "Prädikat des Satzes"

VP und NP als "Objekt des Prädikats"

VP und V als "Hauptverb des Prädikats"

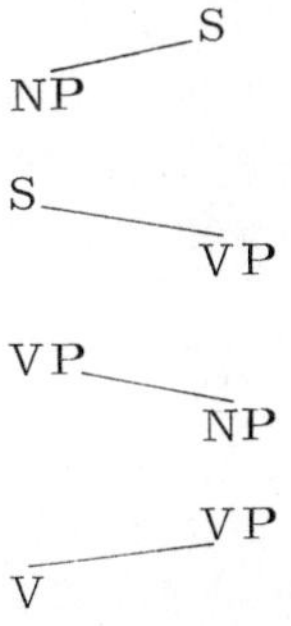

Es ist also wichtig, z.B. bei der Beschreibung von Satz (9) in der Formulierung zu unterscheiden: In Satz (9) sind die Hunde und den Hasen beides NP, aber die Hunde fungiert als Subjekt des Satzes, den Hasen als Objekt des Prädikats (statt "diese NP fungiert als Subjekt oder Objekt" können wir formal auch sagen: "diese NP steht in Subjekt- oder Objekt-Position").
Für NP in Subjekt-Position schreiben wir NP_0;
für NP in Objekt-Position schreiben wir NP_1.
Zwei Beispiele sollen die Wichtigkeit dieser Unterscheidung zwischen Kategorie und Funktion unterstreichen:

1. Werden in dem Satz

(10) Der Papagei verschluckt die Perle

die beiden NP vertauscht, so entsteht ein inakzeptabler Satz

*Die Perle verschluckt den Papagei

d.h. in Verbindung mit dem Formativ verschlucken kann Perle nur Objektfunktion, nicht aber Subjektfunktion übernehmen; für Papagei besteht diese Beschränkung nicht:

(11) Die Katze verschluckt den Papagei

Es gibt also offenbar N-Formative, die in Verbindung mit bestimmten Verben nur eine der beiden möglichen Funktionen (Subjekt oder Objekt) erfüllen können; sie unterliegen in dieser Hinsicht bestimmten Beschränkungen.

2. Es wurde weiter oben behauptet, die beiden Sätze

(1) Die Mutter liebt das Kind
(2) Das Kind wird von der Mutter geliebt

seien bedeutungsgleich. Bei der syntaktischen Analyse zeigt sich aber, daß in Satz (1) die Mutter Subjektfunktion hat, in Satz (2) aber das Kind Subjektfunktion übernommen hat, ohne daß der Effekt wie in Satz (9) auftritt; dieser Effekt würde aber eintreten, wenn z.B. Satz (2) verändert würde in

(2') Die Mutter wird vom Kind geliebt

Dieses Beispiel läßt erkennen, daß die einmal in der Tiefenstruktur festgelegten Rollen der NP im Satz auch über Transformationen (in diesem Fall die Passivtransformation) hinweg Bestand haben. Auch legt diese Beobachtung den Schluß nahe, daß Satz (1) der Tiefenstruktur näher steht als Satz (2) (vgl. Schema 4). Die besondere morphologische Struktur von VP in Satz (2) (wird von der Mutter geliebt) liefert den Hinweis für die Rekonstruktion der Tiefenstruktur aus der Oberflächenstruktur.

1.7 Das Problem der Subkategorisierung und die Einführung von syntaktischen Merkmalen

Wenn unsere Minimalgrammatik kategoriale Endketten erzeugt wie z.B.

(I) Det⁀N⁀V
Oberfläche: (12) Der Mann tobt

(II) Det⁀N⁀V⁀Det⁀N
Oberfläche: (13) Die Frau erwartet ein Kind

so zeigt eine Vertauschprobe, daß weder toben in Kette (I) für das V-Formativ in Kette (II) eintreten kann, noch erwarten in Kette (II) für V-Formativ in Kette (I), da beides zu ungrammatischen Sätzen führen würde:

*Der Mann erwartet
*Die Frau tobt ein Kind

Es gibt also im Deutschen Verben, die für sich allein ein VP bilden (z.B. toben) und solche, die nur zusammen mit einem NP ein VP bilden (z.B. erwarten).
Wenn sich eine Grammatik zum Ziel setzt, Regeln aufzustellen, die nur die wohlgeformten Sätze einer Sprache entstehen lassen, so muß die Tatsache, daß manche Verben nur in einer bestimmten Umgebung stehen können, in die Regeln mit aufgenommen werden. Um dem gerecht zu werden wird innerhalb der Formativ-Klasse V eine Subkategorisierung vorgenommen; Kriterium ist dabei der kategoriale Kontext, d.h. in welcher Umgebung die Verben vorkommen können und in welcher nicht. Im Lexikon sind die einzelnen Verben durch entsprechende syntaktische Merkmale zu kennzeichnen, z.B.

toben — erwarten

$$\begin{bmatrix} \langle +V \rangle \\ \langle + \_\_ \# \rangle \end{bmatrix} \qquad \begin{bmatrix} \langle +V \rangle \\ \langle + \_\_ \, NP \rangle \end{bmatrix}$$

Dieser Merkmalkomplex ist so zu lesen:
Das Formativ toben gehört zur Wortart Verb und steht im (Aussage-) Satz unmittelbar vor der Satzgrenze, (wobei das Zeichen # die Satzgrenze bedeuten soll, das Zeichen __ die Position des V-Formativs; die Zeichen ⟨ ⟩ schließen ein Merkmal des Formativs im Lexikon ein, das Zeichen + bedeutet, daß dem Formativ dieses Merkmal zukommt, – bedeutet, daß es dieses Merkmal nicht aufweist.
Das Formativ erwarten gehört zur Wortart Verb und steht immer zusammen mit einem NP (⟨__NP⟩).
Diese Merkmalnotation ersetzt z.B. die Bezeichnungen "intransitives Verb" und "transitives Verb" der herkömmlichen Grammatik.
Ähnliche Subkategorisierungen lassen sich auch bei den Formativ-Klassen N und A einführen, wobei außer dem unmittelbaren kategorialen Kontext auch bestimmte grammatische Eigenschaften als Kriterien verwendet werden können.
So kann man z.B. im Hinblick auf das Verhalten bei der Artikelwahl Gattungsnamen (GN) und Eigennamen (EN) unterscheiden:

Der Dichter begrüßte den Kaiser
Goethe begrüßte Napoleon

und innerhalb der Gattungsnamen je nach dem Verhalten gegenüber dem unbestimmten Artikel und der Pluralbildung Individuativa (Gegenstandsnamen) und Kontinuativa (Stoffnamen) unterscheiden:

Sg.	Der Mann aß einen Apfel Der Mann aß Kraut	Pl.	Der Mann aß Äpfel Der Mann aß Kraut
	Der Mann fand einen Stein Der Mann fand Gold		Der Mann fand Steine Der Mann fand Gold

Folgende Lexikonkennzeichnung wäre denkbar, um dieser Eigenschaft der N-Formative Rechnung zu tragen und Sätze wie *Der Mann fand ein Gold auszuschließen:

$$\text{Apfel} \begin{bmatrix} \langle + \text{N} \rangle \\ \langle + \text{zählbar} \rangle \end{bmatrix} \qquad \text{Gold} \begin{bmatrix} \langle + \text{N} \rangle \\ \langle - \text{zählbar} \rangle \end{bmatrix}$$

Diese Merkmalnotation ersetzt die Bezeichnungen "Individuativa" und "Kontinuativa" der herkömmlichen Grammatik.
Als Beispiel für eine Subklassifizierung der Formativ-Klasse A (=Adjektive) diene das Kriterium der Graduierbarkeit (Steigerungsfähigkeit):

Dieser Soldat ist tapferer als jener
* Dieser Soldat ist toter als jener

Dieses Mädchen ist hübscher als jenes
* Dieses Mädchen ist schwangerer als jenes

$$\begin{matrix} \text{tapfer} \\ \text{hübsch} \end{matrix} \begin{bmatrix} \langle + \text{Adj} \rangle \\ \langle + \text{grad} \rangle \end{bmatrix} \qquad \begin{matrix} \text{tot} \\ \text{schwanger} \end{matrix} \begin{bmatrix} \langle + \text{Adj} \rangle \\ \langle - \text{grad} \rangle \end{bmatrix}$$

Die syntaktische Subkategorisierung der Formativ-Klassen ist ein wichtiger Schritt auf dem Weg zu einer expliziten und exakten generativen Grammatik. Die Entdeckung der relevanten syntaktischen Merkmale und die Formulierung der Regeln gehört zwar in das Gebiet der Syntax, aber eine genaue Kenntnis des Subkategorisierungsverfahrens ist auch für die Semantik von großem Nutzen. Drei Punkte sind in diesem Zusammenhang besonders wichtig:

1. Das generelle Motiv für die Subkategorisierung ist die Vermeidung syntaktischer Unverträglichkeiten von Formativen in der Verkettung im Satz. Die Subkategorisierungsregeln wirken sich dabei als - beschränkungen der freien Verwendbarkeit eines Formativs aus.
2. Um zu vermeiden, daß ungrammatische Sätze erzeugt werden, wird die Subkategorisierungsinformation in die Basiskomponente und zwar in den Lexikonteil als syntaktische Information eingebracht. Bei der Erzeugung einer bestimmten Basisstruktur wird durch diese Maßnahme gewährleistet, daß bestimmte Formative als Bestandteile der Endkette von vornherein nicht in Frage kommen, nämlich eben die, welche aufgrund ihrer syntaktischen Eigenschaften den Satz, so wie er in der Tiefenstruktur geplant ist, ungrammatisch machen würden. Durch entsprechende Subkategorisierungsinformationen können auch bestimmte Transformationen abgeblockt werden, z.B. die Passivtransformation im Beispielsatz

Der Hut kostet ein Vermögen
*Ein Vermögen wird von dem Hut gekostet

Die syntaktische Information für das V-Formativ <u>kosten</u> ist im Lexikon als ⟨- passiv⟩ angegeben.

3. Die syntaktischen Merkmale, welche in die Subkategorisierungsinformation eingehen, um wohlgeformte Sätze zu garantieren, bilden die grammatischen Definitionskriterien für alle Formative, d.h. ein Formativ ist im Lexikon denjenigen Subkategorienklassen zugeordnet, deren Elemente in den Sätzen füreinander einsetzbar sind, ohne daß die Sätze dadurch ungrammatisch werden. Eine Sprache ist angemessen nur mit eben diesen Kategorien zu beschreiben.

1.8 Die Struktur der semantischen Komponente

Wir wollen hier einige theoretische Überlegungen darüber anstellen, wie die Lexikonbeschreibung einer Wortbedeutung aussehen sollte, so daß einerseits das Wort semantisch vollständig charakterisiert ist, andererseits durch die semantischen Angaben erklärlich ist, wie die Bedeutung des Einzelwortes sich im Satz realisiert und zur Satzbedeutung beiträgt.
Nach der semantischen Theorie von Katz, der sich Chomsky in seinen "Aspects" angeschlossen hat, wird zu diesem Zweck innerhalb der semantischen Komponente einer Sprachbeschreibung unterschieden zwischen:

1. Beschreibung des Lexikons (Aufstellen von Merkmalkomplexen für Formative; man kann sie auch in Form einer Begriffshierarchie darstellen).
2. Beschreibung der Wirkungsweise der sog. Projektionsregeln (Erklären, welche Konsequenzen die hierarchische Anordnung der Formative in Komplexen wie NP, VP für eine Kombination der Merkmalbündel der in diesen Strukturen syntaktisch miteinander verbundener Formative hat).

1.81 Die Form der Lexikoneintragung

Wir sind davon ausgegangen, daß in der Basiskomponente syntaktische Strukturen bestehend aus Kategorialsymbolen erzeugt werden; in der Basisendkette werden an den dafür vorgesehenen Stellen die Kategorialsymbole durch Lexikon-Einheiten (Formative) ersetzt. Diese Formative bringen aus dem Lexikon gewisse Informationen mit, welche eben zusammen die Lexikoneintragung ausmachen. Beginnen wir mit der syntaktischen Information: Jede Lexikoneinheit ist nach der Formativklassenzugehörigkeit charakterisiert, dazu nach den Subkategorien, denen es angehört. Die Subkategorisierungsangaben filtern die Lexikoneinheiten aus, die aufgrund ihrer syntaktischen Eigenschaften für den Einbau in eine Basiskette in Frage kommen, z.B. daß ein Verb wie schenken in ein dreistelliges Satzmuster paßt wie

Er schenkt dem Jungen eine Münze

nicht aber in ein zweistelliges:

*Er schenkt dem Jungen

Ist unter dem Gesichtspunkt syntaktischer Wohlgeformtheit die Auswahl aus dem Lexikon auf eine Menge von Formativen reduziert, die für die Erfüllung des Rahmens der Basiskette in Frage kommen, so unterliegen die tatsächlich eingesetzten Lexikoneinheiten noch weiteren Selektionsbeschränkungen semantischer Art. Diese wirken wiederum als ein Filter, so daß nur Lektionseinheiten, die semantisch miteinander verträglich sind, in die Basiskette aufgenommen werden, z.B.

Das Wasser plätschert

nicht aber

*Der Felsen plätschert

Ist auf diese Weise schließlich gewährleistet, daß nur Lexikoneinheiten für die Verkettung in Frage kommen, die allen Ansprüchen an Wohlgeformtheit von Sätzen Genüge tun, so sind diese Sätze interpretierbar.
Die semantische Interpretation stützt sich also auf die semantischen Merkmale der Lexikoneinheiten.
Jede Lexikoneinheit bringt, ebenfalls aus dem Lexikon, eine bestimmte phonologische Form mit, welche die Grundlage für die Artikulation der Oberflächenstruktur des Satzes durch einen Sprecher und die Grundlage für die Perzeption durch einen Hörer ist (Phonologische Interpretation). Umgekehrt, vom Hörer her gesehen: Das Hören eines Wortes führt über die konventionell festgelegte Lautform zu den damit konventionell verknüpften Merkmalbündeln hin, welche das Rohmaterial für die Verständigung sind.
Ein Formativ könnte man sich im Lexikon etwa folgendermaßen repräsentiert vorstellen:

1. Durch eine phonologische Informationsmenge, d.h. eine Menge von Regeln, die angeben, wie das Formativ auf der Oberfläche repräsentiert und ausgesprochen werden soll.
2. Durch eine grammatische Informationsmenge, welche die morphologischen und syntaktischen Eigenschaften des Formativs umfaßt, z.B. Kategorien- und Subkategorienzugehörigkeit, dazu möglicherweise morphologische Eigenschaften wie 'starkes Verb', 'Umlaut im Plural', usw., eines Formativs angibt.
3. Durch eine semantische Informationsmenge, die die semantische Struktur des Formativs aufzeigt, seine Selektionsbeschränkungen spezifiziert und die Grundlage für die Interpretation des Wortes ist.

Phonologische, syntaktische und semantische Information bilden zusammen die Lexikonrepräsentation eines Formativs; diese Informationen bringt jedes Formativ mit sich, wenn es in die Basisendkette eingeführt wird.

Wir gehen zunächst einmal von der Situation des Hörers aus, und stellen uns einen Rundfunkhörer vor, der eben einen Apparat eingeschaltet hat und den Satz hört

Der Junge sah das Schloß und ging darauf zu

Der Hörer identifiziert innerhalb des Lautkontinums dieses Satzes die einzelnen Wörter und vermag auf Grund seiner grammatischen Kompetenz die syntaktischen Beziehungen zwischen den Wörtern zu erkennen. Bei dieser Analyse ordnet er der Satzstruktur gleichzeitig eine semantische Interpretation zu, was durch seine Kenntnis der Wortbedeutungen ermöglicht wird. Der Satz läßt zwei Interpretationen zu, entsprechend den zwei Bedeutungen die mit der Wortform Schloß verbunden werden können 1. Wohngebäude von Adligen, 2. Verschlußvorrichtung.
Man kann auch sagen: Schloß hat zwei Lesarten. Eine Bedeutungsbeschreibung von Schloß muß, so kann man argumentieren, diese beiden Lesarten aufführen. Man kann die Lexikoninformation von Schloß schematisch so darstellen:

Schema 7: Struktur der Lexikoneintragung

/šlos/
Schloß
} phonologische/orthographische Information

[⟨+ N⟩
⟨+ zählbar⟩
⟨+ neutr⟩
.
.
.
⟨+ konkret⟩
⟨- belebt⟩]
} syntaktische Information (⟨+ N⟩ … ⟨+ neutr⟩)

[⟨Gebäude⟩] (SB) — Lesart 1
[⟨Verschlußvorrichtung⟩] (SB) — Lesart 2
} semantische Information

Für jede der beiden Lesarten gelten besondere Selektionsbeschränkungen (SB), die einerseits die Bildung von Sätzen wie

*Das Schloß hüpft über den Bach

welches für beide Lesarten unmöglich ist, aber auch von Sätzen wie

Das Schloß hat hohe Fenster

für die Lesart 2 und

Das Schloß ist ausgeleiert

für die Lesart 1 ausschließen.

Wenn wir ein Wörterbuch aufschlagen, so sehen wir, daß fast jedes Wort mehrere Bedeutungen ("Lesarten") aufweist, die zu mehrdeutigen Sätzen führen können. Mehrdeutigkeiten aber erschweren die Verständigung, da sie zu Mißverständnissen Anlaß geben.
Wodurch wird diese allgemein auftretende Mehrdeutigkeit neutralisiert, so daß eindeutige Aussagen möglich sind? Die Antwort lautet: Durch die übrigen Formative, welche das mehrdeutige Wort als sprachlicher Kontext umgeben; durch sie können Bedeutungskomponenten eingeführt werden, die eine vereindeutigende Wirkung haben. Auch der weitere sprachliche Kontext kommt dafür in Frage: Auf den mehrdeutigen Beispielsatz (1) etwa könnten Sätze folgen wie:

(1a) Der Junge sah das Schloß und ging darauf zu.
Nach einer Viertelstunde stand er vor der Zugbrücke

(1b) Der Junge sah das Schloß und ging darauf zu.
Er holte sofort den Schlüssel aus der Tasche und versuchte aufzusperren.

Zu Satz (1a) wirkt die Zuordnung von Schloß und Zugbrücke vereindeutigend, in Satz (1b) die Zuordnung von Schloß und Schlüssel. Auch der Umstand, daß in Satz (1a) das Schloß zwar gesehen, aber erst nach einem viertelstündigen Marsch erreicht wird, deutet eher auf ⟨Gebäude⟩ als auf ⟨Verschlußvorrichtung⟩.
Werden solche Hinweise im sprachlichen Kontext nicht gegeben, so ist die Mehrdeutigkeit in der normalen Gesprächssituation eventuell noch durch den Situationskontext auflösbar. Wo aber, wie im Falle des Rundfunkhörers, lediglich der sprachliche Kontext die Vereindeutigung bringen kann, ergeben sich leicht unauflösbare Mehrdeutigkeiten. Soweit die Mehrdeutigkeit von Sätzen vom Sprecher nicht beabsichtigt ist (wie etwa bei ironischer oder witziger Sprechweise), sind sie als Pannen beim Kommunikationsvorgang anzusehen.
Sie kommen aber ziemlich selten vor. Der Hauptgrund für das seltene Auftreten solcher Pannen liegt in der Filterwirkung der syntaktischen und semantischen Selektionsbeschränkungen. Wörter, die ihrer Lautform und orthographischen Form nach identisch sind, wie

Stahl er das Geld?

und

Stahl ist gehärtetes Eisen

sind als V-Formativ und N-Formativ durch die Funktionen, die sie im Satz übernehmen, so deutlich voneinander geschieden, daß Mehrdeutigkeiten auf der Grundlage gleicher Lautform kaum möglich sind. Dennoch kann es vorkommen, daß die syntaktischen Beschränkungen nicht ausreichen, um das Auftreten von gleichlautenden, aber verschieden zu interpretierenden Sätzen zu verhindern, z. B. in den Sätzen

(1) Der Junge ist flink
(2) Der Junge ißt flink

Wenn wir daran festhalten, daß die Grundlage von Mehrdeutigkeiten dieser Art das Vorkommen einer Phonemkette in der Oberfläche ist, der zwei oder mehr verschiedene Bedeutungen (Lesarten) zugeordnet werden können, so scheint die Frage berechtigt, ob man auch im Zusammenhang mit Satz (1) und (2) von Lesarten der Phonemkette /ist/ sprechen soll. Mehrdeutige Sätze dieser Art schlüpfen sozusagen durch die Maschen der vereindeutigend wirkenden Subkategorisierungsangaben und Selektionsbeschränkungen.

1.8.2 Die semantische Beschreibung und das Problem der "Einheit des Wortes" (Homonymie/Polysemie - Problem)

In Wörterbüchern findet man bei der Bedeutungsbeschreibung zuweilen die Konvention, homonyme (gleichlautende) Wörter mit Indizes zu versehen, z.B.

$Ball^1$	$Weide^1$	$laden^1$	$kosten^1$
$Ball^2$	$Weide^2$	$laden^2$	$kosten^2$

um damit anzudeuten, daß diese Wörter verschiedene etymologische Ableitungen haben. Es gibt aber auch Wörter mit starken Bedeutungsdivergenzen, wie etwa Schloß, die etymologisch auf dieselbe Wurzel zurückgehen; in solchen Fällen wird das Wort als polysem angesehen (ein Wort mit vielfältiger Bedeutung). Kann man sagen, es handle sich in dem einen Fall um verschiedene Wörter gleicher Form aber verschiedener Bedeutung und in anderem Fall um gleiche Wörter gleicher Form aber verschiedener Bedeutung? Spielen diese diachronen Bedingungen für die synchrone Analyse der Bedeutungsseite einer Sprache eine Rolle? Sind die Mehrdeutigkeiten, auf die ein Hörer im Zusammenhang mit diesen Wörtern stößt, von verschiedener Art aufgrund des diachronen Hintergrunds?
Zur Illustration dieser Problematik stellen wir einen Vergleich zwischen dem Englischen und dem Deutschen an:
Am Beispiel

He enjoys wearing a light suit in the summer

wird in der Semantiktheorie von Katz die Auswirkung der Mehrdeutigkeit einer Wortform wie light und ihre Auflösung erklärt. (Diese Beispiele finden sich in: J.J.Katz / J.A.Fodor, The Structure of a Semantic Theory)
Light hat mindestens zwei Lesarten, von denen die eine als Komponente ⟨Farbe⟩, die andere ⟨Gewicht⟩ enthält. Die Mehrdeutigkeit von light wird im Beispielsatz aber nicht aufgelöst, weil in der näheren sprachlichen Umgebung von light nichts steht, was eine Komponente zugunsten der anderen ausschließen würde. Natürlich gibt es die Möglichkeit, diese Mehrdeutigkeit durch Augenschein aufzuheben, ob es sich nun tatsächlich um einen leichten oder um einen hellen Anzug handelt. Sprachlich ist die

Auflösung aber nur möglich, wenn im Kontext Selektionsbeziehungen von anderen Wörtern her wirksam werden. In Sätzen wie

The stuff is light enough to carry

gibt das Wort *carry* einen eindeutigen Hinweis auf ⟨Gewicht⟩: dadurch wird die Lesart ⟨Farbe⟩ aus der Interpretation eliminiert. Für das Funktionieren der semantischen Interpretation bedeutet das, daß für jedes Wort angegeben werden muß, auf welche semantischen Komponenten in anderen Wörtern es positiv oder negativ anspricht. Bleiben Selektionsbeziehungen zu Wörtern des Kontexts aus, so wird ein Satz, der eine Wortform mit mehreren Lesarten enthält, notwendig mehrdeutig. Eine Verständigung ist auch dann noch möglich, falls der Situationskontext vereindeutigende Kriterien bereitstellt.

Im Deutschen gibt es für das englische mehrdeutige Wort *light* zwei phonemisch deutlich unterschiedene Wortformen: *licht* und *leicht*. Diese beiden Wörter gehen, etymologisch gesehen, einerseits auf ahd. *lioht* und ahd. *līht(i)* zurück, haben also im Deutschen eine getrennte Lautentwicklung beibehalten: mhd. *lieht* und mhd. *līht(e)*. Im Englischen verlief, ausgehend von ags. *leoht* und ags. *lioht* die Lautentwicklung so, daß die altenglischen Diphthonge verschwanden und vom Mittelenglischen an die Lautformen der beiden Wörter gleich wurden. Im Englischen sind daher die beiden Bedeutungen der Lautform nach gleich repräsentiert, im Deutschen aufgrund anders verlaufender Lautentwicklungen durch zwei verschiedene Wörter. Man müßte in diesem Fall sagen, daß die Bedeutung der Wörter im heutigen Deutschen und Englischen zum Teil wenigstens auf die Wirksamkeit der Lautgesetze zurückgeht: Sie haben im Falle des englischen *light* zu einer komplexen Wortbedeutung (zwei Lesarten), im Deutschen bei *licht* und *leicht* zu einfacher Wortbedeutung (je eine Lesart) geführt.

Da die Selektionsbeschränkungen, die sich auf ⟨Farbe⟩ und ⟨Gewicht⟩ beziehen, für *licht* und *leicht* im Prinzip dieselben sind wie für engl. *light*, läßt sich der Schluß ziehen, daß die Selektionsbeschränkungen nicht als Hauptfunktion die Auflösung von Mehrdeutigkeiten bewirken, sondern jede Lesart einzeln betreffen, ob nun dieselbe eine eigene Phonemkette hat oder mit anderen Lesarten zusammen bei einer Phonemkette untergebracht ist. Von da her gesehen ist es auch mißverständlich, die Lesarten so in einem Stammbaumgefüge zu repräsentieren, als ob sie gemeinsame Merkmale hätten. Denn da die Berührungen zweier "Wörter" zufälliger Art sein können (z.B. wie das Beispiel von *light* gegenüber *licht* und *leicht* beweist, auf rein lautgeschichtlichen Veränderungen zurückgehen können), sind auch die Bedeutungskomponenten, die im Stammbaum als semantische Komponenten auftauchen, nur zufällig gemeinsame Komponenten; ein "Gesamtstammbaum" erweckt den Eindruck, ein "Wort" habe tatsächlich als Bedeutungsrepräsentation ein kompliziertes Begriffsgeflecht, während es sich doch nur um mehrere selbständige Bedeutungen handelt, die von derselben Phonemkette an der Oberfläche repräsentiert

werden und, was gewöhnlich unvermeidlich ist, auch einige semantische Komponenten gemeinsam haben.
Natürlich ist es für das Englische charakteristisch, daß light aufgrund seiner beiden Lesarten Anlaß zur Entstehung mehrdeutiger Sätze geben kann, aber es ist eine Frage für sich, wie in einer Sprache verfahren wird, um solche Mehrdeutigkeiten zu vermeiden. Die Repräsentation der "Lesarten" im Lexikon unter dem gemeinsamen Dach einer Phonemkette löst das Problem von Mehrdeutigkeit, die phonologisch bedingt ist, nicht. Von der Semantik her handelt es sich um ein Pseudoproblem; dieses Verfahren ist theoretisch vor allem deswegen anfechtbar, weil die Geltung der phonologischen Ebene auf diese Weise bis in die Semantik hinein ausgedehnt wird. Eben wegen der Gefahr dieses Mißverständnisses ist es ratsam, statt des irreführenden Begriffs Wort, der sich lediglich als Phonemkette (Oberflächenform) mit einer oder mehreren Lesarten erweist, den Begriff Formativ zu verwenden, der auf die Basis der Transformationsgrammatik zugeschnitten ist und als Lexikonentsprechung der Kategorialsymbole der Basiskette definiert ist; Formative sind Elemente der Tiefenstruktur. Einem bestimmten semantischen Merkmalbündel entspricht dabei eine bestimmte Menge syntaktischer Information, und eine bestimmte Phonemkette. Die Lesarten bilden die Einheiten der semantischen Beschreibung, und es scheint besser zu sein, für jede Lesart, d.h. für jedes distinkte Merkmalbündel, eine besondere Lexikoneintragung vorzusehen, gleichgültig, ob dabei gleiche Repräsentationen auf der Lautebene entstehen oder nicht.
Das Lexikon der Basis besteht dann aus Bündeln semantischer Merkmale, denen Formative zugeordnet sind, für die syntaktische Charakterisierungen mit Subkategorisierungsangaben gelten; das Formativ hat eine bestimmte phonologische Form, auf die aber morphologische Transformationen einwirken können.
Als theoretische Rechtfertigung für diese Auffassung von der Struktur des Lexikons läßt sich anführen, daß auf dieser Grundlage einige Aspekte sowohl der Hörerstrategie wie auch der Sprecherstrategie eine plausiblere Erklärung finden, als es der Fall ist, wenn das Hauptinteresse auf das Erkennen und Auflösen von Mehrdeutigkeiten gerichtet ist. Wenn ein Sprecher seinem Denkkonzept entsprechend eine Aussage machen will, zielt er in den meisten Fällen auf Eindeutigkeit, d.h. er baut vermutlich distinkte Lesarten (=Merkmalbündel) in die Basiskette ein, nicht Lesartenkomplexe, die sich erst im Verlauf der Satzerzeugung präzisieren. Wenn sich dabei auf der phonologischen Oberfläche Homonymien ergeben, so ist das vom Sprecher her in der Regel nicht beabsichtigt - es ergibt sich nebenbei. Werden Homonymien bewußt vermieden, so liegt eine Rückkoppelung beim Sprecher vor: Er kontrolliert seine Aussage selbst von der Hörerstrategie her. Der Hörer ist natürlich solchen Pannen wie "Mehrdeutigkeit ohne Kontexthinweise" ausgeliefert.
In der Regel aber kommen ihm Vorinformation, Situationskontext und die Möglichkeit der Rückfrage zu Hilfe.

Es erscheint zweckmäßiger, eine Semantiktheorie auf die Erklärung eindeutiger Sätze abzustellen, statt auf die Erklärung konstruierter Fälle von Mehrdeutigkeit. Für den Sprecher gibt es nur eindeutige Sätze; formuliert er mehrdeutige Sätze bewußt, so denkt er doch beide Sätze als eindeutige nebeneinander; er sucht nur nach einer für beide Sätze gleichförmigen Oberflächenstruktur. Der Hörer aber ist, rein sprachlich, dem Zufall gleichförmiger Oberflächenstrukturen ausgeliefert, und eine Sprachtheorie muß auch beschreiben und erklären können, wie angesichts der vielen gleichlautenden aber verschiedenbedeutenden Wörter Verständigung dennoch zustandekommt und wie eine Lexikonbeschreibung abzufassen ist, die diesen Faktoren gerecht wird.

Aufgaben

(1) Stellen Sie die Lexikoneintragungen für die Lesarten des Wortes Fuchs auf.

(2) Geben Sie die Kontextbedingungen an, die zur Vereindeutigung der Sätze führen

(a) Wir müssen die Ladung löschen
(b) Er machte sich am Flügel zu schaffen

1.8.3. Die Projektionsregeln

Gehen wir also in der Theorie davon aus, daß, wenn im Rahmen eines Satzes ein Wort mit mehreren Lesarten auftaucht, im Sprachzentrum des Hörers schlagartig alle Lesarten, die dieses Wort hat, da sind. Da aber das Wort im Satz eingespannt ist und in bestimmten syntaktischen und semantischen Beziehungen zu anderen Wörtern des Satzes steht, sind, wenn der Satz vom Hörer entschlüsselt wird, die meisten Lesarten durch die Filterwirkung des Kontexts ausgeschaltet. Der Hörer achtet nicht auf Mehrdeutigkeit, weil er als kompetenter Sprecher selbst die Produktion eindeutiger Sätze betreibt; er stößt in der Regel durch Zufall auf Mehrdeutigkeit.
Diese Filterwirkung soll nun anhand des Zustandekommens einer Satzbedeutung aus den Einzelformativen kurz erläutert werden.
Wir ordnen dem Satz

Der Kiebitz aß die gelbe Birne

diese Struktur zu:

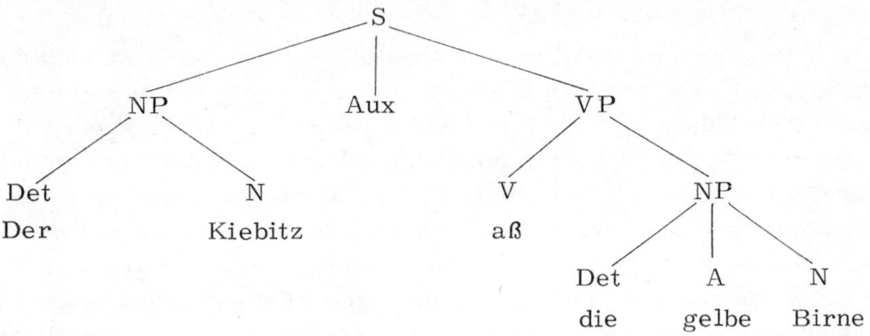

In diese Struktur erfolgt nun die Eingabe der Formative mit ihren Informationsbündeln aus dem Lexikon. Da die syntaktische Struktur in der Basiskette vorgegeben ist, wird die Bedeutung der einzelnen Formative von der untersten Ebene der Ableitung auf die nächsthöhere "projiziert". Wir stellen uns das im Schema so vor:

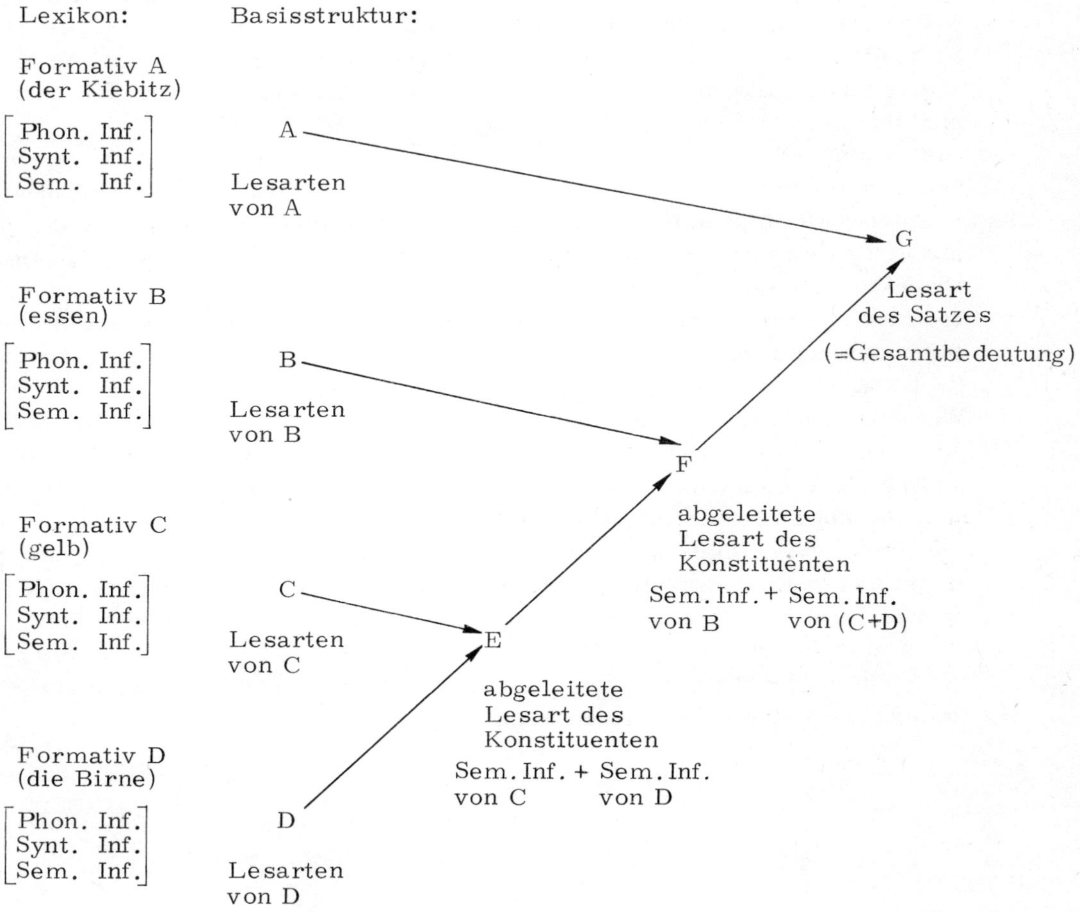

Schema 8: Wirkungsweise der Projektionsregeln

Auf den Beispielsatz übertragen bedeutet das: Zunächst werden die unteren Konstituenten gebildet. Bei der Verbindung von die Birne + gelb entsteht die Konstituente die gelbe Birne; die Amalgamierung der Merkmalkomplexe von die Birne und gelb ergibt die abgeleitete Lesart. Diese Konstituente ist mehrdeutig; weil die Birne mehrdeutig ist: sie hat mindestens zwei Lesarten: 1.Frucht des Birnbaums, 2.elektrischer Leuchtkörper; die Verbindung mit gelb wirkt nicht vereindeutigend (was z.B. bei reif der Fall wäre). Die Anhebung auf die Ebene VP bringt eine Verbindung mit aß, wodurch die Merkmale von V mit NP_1 amalgamiert werden und eine abgeleitete Lesart entsteht. Die Amalgamierung bewirkt, daß die Selektionsbeschränkungen zur Geltung kommen und Lesart 2 von Birne entfällt (Lesart 2 wäre möglich, wenn Amalgamierung in VP mit zerbrechen vorläge). Die abgeleitete Lesart von VP verbindet sich ihrerseits mit der mehrdeutigen Nominalphrase der Kiebitz (1. Vogelart, 2. Zuschauer beim Kartenspiel) und vereindeutigt sie. Bei jedem Projektionsvorgang, der die Lesarten zweier oder mehrerer Formative zu einer oder mehreren abgeleiteten Lesarten verbindet, werden Lesarten ausgeschlossen (bildlich ausgedrückt: Zweige des Lesartenstammbaums eines Wortes werden abgeschnitten). Die Selektionsbeschränkungen sind innerhalb jeder syntaktischen Konstituente wirksam.
Die Gesamtbedeutung des Satzes kann man sich als amalgamierten Merkmalkomplex vorstellen; er besteht aus den durch die Selektionsbeschränkungen zugelassenen Merkmalen der Einzelformative. Dieser Merkmalkomplex macht die semantischen Interpretation des Satzes aus. Beim Vorgang der Projektion treten auch die grammatischen Funktionen der Kategorialsymbole in Kraft, d.h. der Merkmalkomplex der abgeleiteten Lesart nimmt Informationen über die grammatischen Relationen mit auf (z.B. 'Subjekt von', 'Objekt von' usw.).
Wir fassen zusammen: Nach dem Semantikmodell von Katz ist die Semantik eine interpretative Komponente, d.h. in die durch die syntaktische Basiskomponente erzeugten syntaktischen Tiefenstrukturen werden Lexikoneinheiten (Formative) eingeführt, welche eine Vielfalt von Lesarten aufweisen. Die semantische Interpretation einer Basiskette besteht darin, daß im Projektionsvorgang die Lesarten selektiert und zur Satzbedeutung amalgamiert, werden. Die Aufgabe der Semantik ist also: 1. Eine Lexikonbeschreibung der Formative zu liefern 2. Die Bedingungen der Amalgamierung der Lesarten auf die Satzbedeutung hin zu erklären. Wir beschränken uns in diesem Arbeitsheft auf den ersten Punkt.

2 SEMANTISCHE ANALYSE

2.1 Die Semantik als Fortsetzung der Subkategorisierung mit anderen Mitteln

Die Subkategorisierungsregeln berücksichtigen und formalisieren die syntaktische Verträglichkeit der Formative.
Durch die syntaktischen Beschränkungsangaben wird zwar die Basiskomponente im Lexikonteil stark belastet, aber es zeichnet sich in eben dieser Richtung ein Weg ab, der zur Lösung der Grundfrage der Transformationsgrammatik führen könnte:
Welches sind die Bedingungen der Entstehung wohlgeformter Sätze?
Wenn es also möglich ist, die Erzeugung wohlgeformter Sätze wie

*Der Weihnachtsmann bringt
*Der Student holt

zu blockieren und die zur Erzeugung wohlgeformter Sätze wie

Der Weihnachtsmann bringt eine Eisenbahn
Der Student holt das Buch

zuzulassen, indem <u>holen</u> und <u>bringen</u> im Lexikon durch [+__NP] charakterisiert werden, so stellt sich die Frage, ob es nicht auch möglich sei, die Bedingungen anzugeben, die Sätze wie

Das Kind schmollt	Das Papier knistert
Die Witwe kichert	Die Glocke klingt

als wohlgeformte Sätze zulassen, dagegen Sätze wie

*Das Kind knistert	*Das Papier schmollt
*Die Witwe klingt	*Die Glocke kichert

als inakzeptable Sätze von der Erzeugung auszuschließen. Diese Beschränkungsregeln gehen über die rein syntaktischen hinaus und bilden den Übergang zur Semantik.
Ein formal exaktes, wenn auch sehr aufwendiges Verfahren, um Verträglichkeiten und Unverträglichkeiten dieser Art in den Griff zu bekommen, wäre, sämtliche N-Formative und V-Formative (und zwar von diesen zunächst nur die, welche der Subklasse mit dem Merkmal ⟨+__#⟩ angehören, also alle intransitiven Verben), probeweise miteinander zu verbinden. Auf diese

Weise würde man Klassen von N-Formativen erhalten, die nur mit bestimmten V-Formativen verbindbar sind, und umgekehrt, Klassen von V-Formativen, die nur mit bestimmten N-Formativen verbindbar sind:

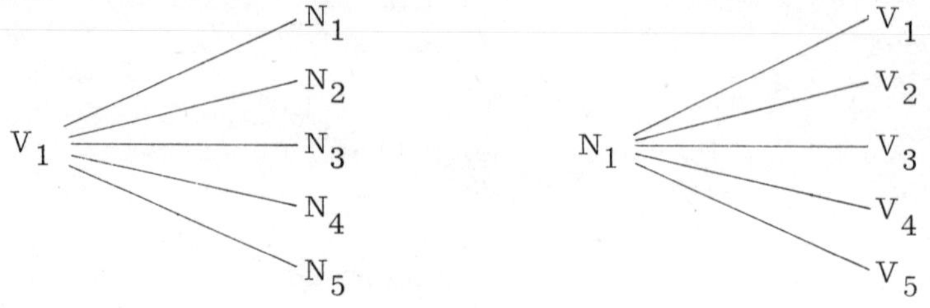

Schema 8: Ermittlung von Verträglichkeitsklassen bei den Verben mit dem Merkmal ⟨+__#⟩ (intransitive Verben)

Dabei könnte sich zeigen, daß in Extremfällen bestimmte Verben nur mit einem Substantiv verbindbar sind. (Zu diesem Problem siehe: W. Porzig, Wesenhafte Bedeutungsbeziehungen; P. Grebe, Der semantisch-syntaktische Hof unserer Wörter). Beispiele dafür wären etwa die Verben für Lautäußerungen verschiedener Tiere:

Hund	-	bellen	Spatz	-	tschilpen
Schaf	-	blöken	Huhn	-	gackern
Ziege	-	meckern	Hahn	-	krähen
Pferd	-	wiehern	Schwalbe	-	zwitschern
Hirsch	-	röhren	Grille	-	zirpen

Selbst wenn wie im Falle von $\begin{Bmatrix}\text{Gans}\\ \text{Ente}\end{Bmatrix}$ - schnattern

mehr als ein Substantiv mit einem bestimmten Verb verbindbar ist, so würde eine Aufnahme dieser Beschränkung ins Lexikon dafür garantieren, daß das betreffende Verb nur in Verbindung mit einem bestimmten Substantiv einen akzeptablen Satz ergibt, oder daß umgekehrt, wenn die Lautäußerung eines Tieres, das mit einem bestimmten Substantiv bezeichnet wird, charakterisiert werden soll, nur ein bestimmtes Verb in Frage kommt:

bellen

$$\begin{bmatrix}\langle + \text{V}\rangle \\ \langle + \_\_ \# \rangle \\ \langle \text{NP}_o\text{: Hund}\rangle\end{bmatrix}$$

schnattern

$$\begin{bmatrix}\langle + \text{V}\rangle \\ \langle + \_\_ \# \rangle \\ \left\langle \text{NP}_o\text{: } \begin{Bmatrix}\text{Gans}\\ \text{Ente}\end{Bmatrix}\right\rangle\end{bmatrix}$$

(Wir schreiben NP_o und meinen damit das N-Formativ in Subjekt-Position).

Dasselbe Verfahren könnte man auch anwenden, um die Verbindbarkeit von Verben mit dem syntaktischen Merkmal [⟨+ __ NP⟩] mit den N-Formativen festzustellen, die etwa in der Basiskette $Det^\frown N^\frown V^\frown Det^\frown N$ auftreten, also in Sätzen des Typs <u>Der Arbeiter ölt die Maschine</u>. Dabei wäre zu unterscheiden zwischen Verbindbarkeit mit dem Substantiv in Subjektfunktion und Verbindbarkeit mit dem Substantiv in Objektfunktion:

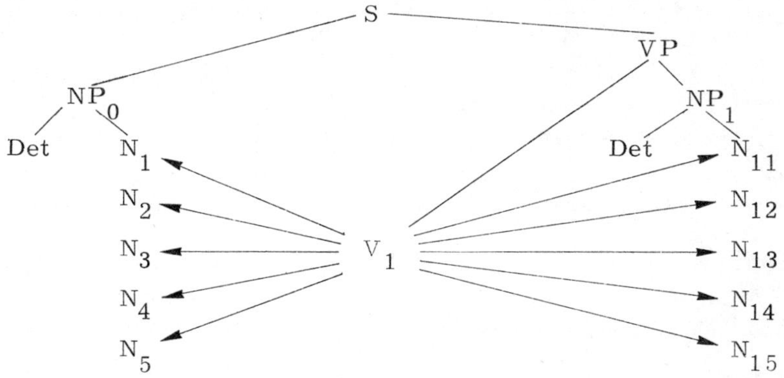

Schema 9: Ermittlung von Verträglichkeiten bei den Verben mit dem Merkmal ⟨+ __ NP⟩

Auf diese Weise könnte man durch entsprechende Angaben z.B. sicherstellen, daß in der Satzreihe

Der Arbeiter trinkt Bier
*Der Arbeiter trinkt Brot
*Der Bagger trinkt Bier
**Der Bagger trinkt Brot

nur der erste Satz wohlgeformt ist; die Lexikoncharakterisierung des V-Formativs könnte so aussehen:

trinken

⟨+ V⟩
⟨+ __ NP⟩
NP_0 : { Arbeiter, Student, Fernfahrer, ⋮ }
NP_1 : { Bier, Wein, Milch, Wasser, ⋮ }

Es wird dabei deutlich, daß das Verb selektierend auf die N-Formative wirkt, die in Subjekt- oder Objekt-Position stehen können; nur bestimmte Klassen führen jeweils zu akzeptablen Sätzen. Die Sätze des Deutschen könnte man z.B. auch daraufhin untersuchen, welche Formative im selben Satz sowohl Subjektfunktion wie Objektfunktion erfüllen können, z.B.

(1) Der Hund frißt den Knochen
*Der Knochen frißt den Hund

(2) Der General rasselt mit dem Säbel
*Der Säbel rasselt mit dem General

(3) Der Hund jagt den Wolf
Der Wolf jagt den Hund

(4) Die Nonne beneidet den Mönch
Der Mönch beneidet die Nonne

Man könnte also eine Klassifizierung der Formative vornehmen, dergestalt, daß in Abhängigkeit vom Hauptverb des Satzes die Substantivpaare, die einen Funktionstausch zulassen (Hund - Wolf; Nonne - Mönch) den Paaren, die keinen zulassen (Hund - Knochen; General - Säbel) gegenübergestellt werden und darüberhinaus wäre so auch eine formale Klassifizierung der Relationen möglich, die zwischen den Formativen solcher Paare bestehen.
Theoretisch könnte man dieses Verfahren auf alle Typen von Basisketten anwenden und so die Verträglichkeiten zwischen den Formativen des Lexikons feststellen und formalisieren. Die Auswertung der Ergebnisse dieses Verfahrens, das vollständig vermutlich nur mit Hilfe eines Computers durchgeführt werden könnte, dürfte bei der Riesenmenge des anfallenden Materials ziemlich schwierig sein; aber die bisherigen Arbeiten über Semantik kranken eben daran, daß sie dem methodischen Hauptproblem, nämlich den Materialmassen, aus dem Wege gehen: weder in der Phonologie noch in der Syntax sind solche Mengen an Material zu bewältigen und zu klassifizieren wie gerade in der Semantik. Ohne die Hilfe des Computers, der in großer Zahl anfallende gleichförmige Analysenvorgänge mit geringem Zeitaufwand bewältigen kann, bleibt die semantische Beschreibung des Deutschen weiterhin Stückwerk. Es sind in diesem Zusammenhang vielleicht einige kurze Hinweise zu einem möglichen Computerprogramm angebracht, das semantisch interessante Informationen liefern könnte. Wenn es die Aufgabe einer generativ-transformationellen Sprachbeschreibung ist, die Regeln zu formulieren, die zu den wohlgeformten Sätzen einer Sprache führen, so kann man zum Zwecke einer Sprachanalyse das Verfahren umkehren, einem Computer nur wohlgeformte Sätze vorlegen, so daß seine Analyseergebnisse in jedem Fall auf wohlgeformte Sätze zugeschnitten sind. Man könnte einen Computer so programmieren, daß er in der Lage ist, die Formative, welche in den geläufigsten Satztypen des Deutschen vorkommen, nach der Position, die sie im Satz einnehmen, zu klassifizieren:

(1) Der Junge schläft
(2) Der Junge läuft schnell
(3) Der Hund frißt den Knochen usw.

Det als Position 1, das N-Formativ als Position 2, das V-Formativ als Position 3 usw. Das Erkennen von Det erlaubt dem Computer auch Knochen in Satz (3) richtig zu klassifizieren. Geeignete Muster wie

Der Kaffee ist kalt — Der Kaffee ist sehr heiß

erlauben auch die Klassifizierung von Adjektiven und Adverbien, wenn der Computer die Kopula ist und ihre Formen erkennen kann. Ist der Computer in die Lage versetzt, eine Klassifizierung der Formative nach der Position vorzunehmen, so kann man die Komplexität der zu analysierenden Satzmuster allmählich steigern und so zunächst zu einer Subkategorisierung gelangen, die der oben besprochenen syntaktischen Subklassifizierung nahekommt. Der Computer ist aber auch in der Lage, ein Lexikon zu erstellen, das die semantische Verbindbarkeit von Formativen notiert, indem er von jedem Formativ die Klassen der mit ihm verbindbaren Formative erfaßt und kennzeichnet. Je umfangreicher und vielfältiger das eingegebene Material ist, desto genauere Subkategorisierungen sind möglich und desto deutlicher treten die Selektierungsbeschränkungen hervor. Auf diese Weise kann das Material in Form von Verbindbarkeitsklassen aufbereitet werden (Ein interessanter Versuch dieser Art ist beschrieben in: Jon Wheatley, Language and Rules, Mouton 1970).
Eine Möglichkeit zur Verfeinerung der Analyse bieten die Querbeziehungen zwischen den einzelnen Klassen. Durch ihre Verträglichkeit mit schlagen werden z.B. die Formative Nachtigall und Uhr in eine gemeinsame Klasse verwiesen:

Die Nachtigall schlägt
Die Uhr schlägt

Ein Vergleich der übrigen Klassen, zu denen Nachtigall und Uhr noch gehören, würde zeigen, daß sie sonst nur wenige Klassen gemeinsam haben, daß sie im Gegenteil im Hinblick auf ein gemeinsames Verb meist divergieren:

Die Nachtigall baut ein Nest.	Die Uhr steht.
*Die Uhr baut ein Nest.	*Die Nachtigall steht.

Ähnlich verhält es sich mit Baby und Hahn:

Der Hahn kräht
Das Baby kräht

aber:

Der Hahn ist in der Mauser.	Das Baby weint.
*Das Baby ist in der Mauser.	*Der Hahn weint.

Es wird auf jeden Fall darauf zu achten sein, welche Formative häufig in gemeinsamen Klassen auftreten, welche nur selten. Gemeinsamkeiten im Hinblick auf die Verträglichkeit mit bestimmten Verben könnten darauf hindeuten, daß bestimmte Formative enger zusammengehören und vielleicht auch eine ähnliche innere Struktur haben. Der Computer liefert so neben den Indizien für die semantische Verbindbarkeit auch die statistischen Verteilungen. Um diese Ergebnisse endgültig zu interpretieren, müssen aber noch andere Kriterien aufgestellt werden.
Ein Nachteil dieses Verfahrens wird am Beispiel trinken deutlich: Das Lexikon wird ziemlich kompliziert und nimmt einen großen Umfang an. Es müßte eine Lösung dafür gefunden werden, die Verträglichkeitsklassen, die hier aus Formativ-Beispielen oder deren Indizes bestehen, durch eine einfachere Notation zu ersetzen. Wenn möglich, müßte jeweils das Gemeinsame der beiden Formativ-Reihen gefunden werden, das die Grundlage für ihre Verträglichkeit mit trinken ist.
Man zögert, Verfahren dieser Art bereits als "semantisch" zu deklarieren, weil über die Bedeutung der einzelnen Formative nichts gesagt wird. Selbst wenn sich auf Grund des Verträglichkeitsbefundes ergibt, daß Arbeiter und Studentin in Subjektfunktion und Bier und Milch in Objektfunktion in dem Satz

$$\left\{\begin{array}{l}\text{Der Arbeiter}\\ \text{Die Studentin}\end{array}\right\} \quad \text{trinkt} \quad \left\{\begin{array}{l}\text{Bier}\\ \text{Milch}\end{array}\right\}$$

zur jeweils gleichen Klasse gehören, so ist damit über den Unterschied in der Bedeutung von Arbeiter und Studentin oder von Bier und Milch noch nichts ausgesagt. Wir können zwar angeben, daß sich diese N-Formative im Hinblick auf bestimmte Verben gleich verhalten, nicht aber, wie sie sich zueinander verhalten, so daß mit ihrer Hilfe bestimmte Bedeutungen übermittelt werden können.
Die Subkategorisierungsangaben, die im Merkmalkomplex der einzelnen Verben im Lexikon auftauchen, regulieren also den Einbau geeigneter Verben in die durch die Satzstrukturregeln der Basiskomponente erzeugten Kategorienketten. Das ist die erste Filterwirkung der Subkategorisierungsregeln; eine zweite Filterwirkung üben dann die Selektionsregeln aus, wobei bestimmte semantische Merkmale der umgebenden Formative über den Einbau eines bestimmten Formativs entscheiden.
Das Ergebnis dieser Operation sind Tiefenstrukturen von hohem Exaktheitsgrad; d.h. es ist schon in der Basis hinreichend Information vorhanden, so daß nur grammatisch und semantisch wohlgeformte Sätze entstehen können. Die Verfeinerung der Subkategorisierungsregeln und der Selektionsregeln treibt von der syntaktischen Basis her die Grenze der analysierbaren Spracherscheinungen bereits ziemlich weit in den Bereich vor, den man bisher der Semantik zuzuordnen geneigt war; denn Verträglichkeitsfragen wie sie am Beispiel des Satzes Der Arbeiter trinkt Bier aufgezeigt wurden, kann man auch als semantische Probleme auffassen. Wenn es auch so ist, daß die

Methoden der Erklärung syntaktischer Erzeugungsprozesse im Gefolge der Ausdifferenzierung der Funktionsweise der syntaktischen Komponente einer integrierten Sprachbeschreibung bisher noch an kein Ende führten, daß man sagen könnte, der Bereich der Semantik sei von der Syntax her aufgearbeitet, so ist damit doch ein Weg zur adäquaten Sprachbeschreibung gewiesen.
Trotz aller Nachteile dürfte aber dieses Verfahren die exakteste Grundlage für alle Untersuchungen zur Semantik bilden, weil sie eine formale und vollständige Beschreibung aller Verträglichkeitsverhältnisse in der Sprache ermöglicht. Die Aufstellung semantischer Merkmale, wie sie im folgenden behandelt werden, dient der Systematisierung und Vereinfachung der Ergebnisse dieser formalen Analyse und ermöglicht übersichtlichere Notationen.

A u f g a b e n

(1) Erklären Sie den Unterschied zwischen Subkategorisierungsangaben und Selektionsbeschränkungen.

(2) Erklären Sie den Unterschied zwischen
Der Bauer aß Kraut
Der Bauer aß Kräuter

(3) Stellen Sie Klassen von Substantiven und Verben auf, die in Verbindungen wie:

Der Junge schüttelte dem Freund die Hand
akzeptable Sätze ergeben, in anderen wie:
* Der Junge schüttelte dem Baum den Ast
inakzeptable Sätze ergeben.

2.2 Die Einführung semantischer Merkmale anhand von semantischen Minimalpaaren.

Statt von der Beobachtung der Verträglichkeit der Formative im Satz auszugehen und deren Beschränkungen zu beschreiben, kann man auch die Bedeutungsbeziehungen zwischen bestimmten Wortpaaren untersuchen:

Mann	Tag	Zimmer	groß	alt	fett	steigen	loben	lieben
Frau	Nacht	Stall	klein	jung	mager	sinken	tadeln	hassen

Es geht darum, die Bedeutungsunterschiede zwischen ihnen zu erfassen. Wir lassen uns dabei am Anfang von der Intuition leiten und versuchen im weiteren Verlaufe die Ergebnisse zu formalisieren und zu systematisieren. Zur empirischen Kontrolle können wir auch in diesem Fall den kompetenten Sprecher heranziehen, z.B. indem wir ihn (falls er es uns nicht übelnimmt) fragen, was der Unterschied zwischen Mann und Frau sei. Die meisten der gutwilligen Informanten werden angeben, daß das ⟨Geschlecht⟩ das Kriterium für die Unterscheidung sei:

Menschen männlichen Geschlechts werden im Deutschen als Mann, Menschen weiblichen Geschlechts als Frau bezeichnet. Wir können also für Mann und Frau jeweils ein Merkmal einführen, das beide Formative eindeutig voneinander unterscheidet:

Mann	Frau
[⟨Mensch⟩ ⟨männlich⟩]	[⟨Mensch⟩ ⟨weiblich⟩]

Das eben angeführte Beispiel mag banal erscheinen, es lassen sich aber eine ganze Reihe theoretischer Überlegungen daran knüpfen:

(1) Nicht jeder Mensch männlichen Geschlechts wird als Mann, nicht jeder weiblichen Geschlechts als Frau bezeichnet; es gibt daneben z.B.

Junge
Mädchen   und   Knecht
Magd

Die Merkmale ⟨männlich⟩ und ⟨weiblich⟩ reichen also allein zur Unterscheidung von Mann/Junge und Frau/Mädchen nicht aus; wir müssen erneut unsere Informanten befragen, was der jeweilige Unterschied sei. Statt der Unterscheidung ⟨jung⟩ und ⟨alt⟩ wählen wir die Merkmale ⟨erwachsen⟩ und ⟨nicht erwachsen⟩. Die Merkmalbeschreibung sähe so aus:

Mann	Junge	Frau	Mädchen
[⟨Mensch⟩ ⟨männlich⟩ ⟨erwachsen⟩]	[⟨Mensch⟩ ⟨männlich⟩ ⟨nicht erwachsen⟩]	[⟨Mensch⟩ ⟨weiblich⟩ ⟨erwachsen⟩]	[⟨Mensch⟩ ⟨weiblich⟩ ⟨nicht erwachsen⟩]

(2) Man kann diese Merkmalverhältnisse auch in Form einer Matrix darstellen:

Formative / Merkmale	Mann	Junge	Frau	Mädchen
⟨Mensch⟩	+	+	+	+
⟨männlich⟩	+	+	-	-
⟨weiblich⟩	-	-	+	+
⟨erwachsen⟩	+	-	+	-

Diese Notation ist die eleganteste und sie läßt darüberhinaus noch einige theoretische Implikationen deutlicher hervortreten als die anfänglich benutzte. Die semantische Struktur eines Formativs läßt sich nämlich als Informationsmenge auffassen; die Merkmale sind die Informationseinheiten. Wenn also jemand das Wort Junge in der Kommunikation verwendet, so liefert es die Information, daß man sich auf etwas bezieht, das ein Mensch ist, männlichen Geschlechts und nicht-erwachsen. Gleichzeitig kann man eine theoretische Forderung formulieren:

Die Merkmalbeschreibung eines Wortschatzes ist dann vollständig, wenn sich jedes Wort durch die besondere Spezifizierung mindestens eines Merkmals von allen anderen Wörtern unterscheidet. Wir haben zur Beschreibung von vier Wörtern vier Merkmale verwendet, aber mit dem Merkmalinventar könnte man auch die Bedeutung des Wortes Kind beschreiben:

Kind	Erwachsener
$\begin{bmatrix} \langle + \text{Mensch} \rangle \\ \langle - \text{erwachsen} \rangle \end{bmatrix}$	$\begin{bmatrix} \langle + \text{Mensch} \rangle \\ \langle + \text{erwachsen} \rangle \end{bmatrix}$

Die Worte Kind und Erwachsener enthalten keine Information im Hinblick auf das Merkmal ⟨Geschlecht⟩. Es gibt also die Möglichkeit, verschiedene Merkmal-Kombinationen vorzunehmen und zu überprüfen, welche Wörter ihnen entsprechen. Solche Merkmalkombinationen bieten sich auch als zusätzliche Möglichkeiten der Bedeutungsbeschreibung von Formativen an:

Junge:	'unerwachsener Mann'	$\begin{bmatrix} \langle - \text{erwachsen} \rangle \end{bmatrix}$	+	$\begin{bmatrix} \langle + \text{Mensch} \rangle \\ \langle + \text{männlich} \rangle \end{bmatrix}$
	'männliches Kind'	$\begin{bmatrix} \langle + \text{männlich} \rangle \end{bmatrix}$	+	$\begin{bmatrix} \langle + \text{Mensch} \rangle \\ \langle - \text{erwachsen} \rangle \end{bmatrix}$

(3) Die Merkmale selbst sind begriffliche Kategorien, die letztlich auf den kognitiven Fähigkeiten des Menschen beruhen. Sie sind Verallgemeinerungen der für den Menschen relevanten Aspekte seiner Lebenserfahrung. Da die Sprache eine mächtige historische Dimension hat, sind die semantischen Merkmale, welche die Bedeutungsunterschiede zwischen den Wörtern ausmachen, zugleich die Spiegelungen der Lebenserfahrungen vieler Generationen in der Sprache. Solche Bedeutungsunterschiede werden aber nur aktiviert, solange sie für eine Sprachgemeinschaft relevant sind. Dem Großstädter, der vielleicht seit Generationen nicht mehr mit der Viehzucht in Berührung gekommen ist, fällt es möglicherweise schwer, zwischen Kuh, Ochse und Stier zu unterscheiden, oder gar zu wissen, was Färse bedeutet, ähnlich wie es Bauern geben kann, die zwischen Oper, Operette und Schauspiel nicht zu unterscheiden wissen. Wortgebrauch und Merkmalunterscheidung sind abhängig von den Lebensinteressen des Menschen.
Bei einer Gesamtbeschreibung der semantischen Struktur des Deutschen gehen wir vorläufig davon aus, daß das Vorhandensein verschiedener Wörter auf das Vorhandensein von Bedeutungsunterschieden zwischen diesen Wörtern hindeutet und daß diese Unterschiede als semantische Merkmale faßbar sind. Damit haben wir den Ansatz der strukturellen Semantik umschrieben.

(4) Die Motivation der Merkmale kann sehr verschieden sein. So ist z. B. zur Erfassung des Unterschieds zwischen Frau und Fräulein die Einführung eines weiteren Merkmals ⟨verheiratet⟩ notwendig. Während das bereits

bekannte Merkmal ⟨weiblich⟩ physiologisch begründet ist, ist das Merkmal ⟨verheiratet⟩ soziologisch begründet. In beiden Fällen aber handelt es sich um für den Menschen relevante Aspekte der Wirklichkeit, die als Bedeutungsunterschiede zwischen Wörtern sprachlich in Erscheinung treten.

(5) Die zum Zwecke der semantischen Strukturbeschreibung der Formative eingeführten Merkmale haben verschiedene Reichweite; manche tauchen in der semantischen Beschreibung von Formativen häufig auf, andere selten. Wir können annehmen, daß dies ein Indiz ihrer Relevanz für die Sprachgemeinschaft ist. Das Merkmal ⟨Geschlecht⟩ mit seinen Spezifizierungen ⟨männlich⟩ und ⟨weiblich⟩ gliedert z.B. auch eine Menge von Tierbezeichnungen:

	(Gockel)		(Bulle)			(Enterich)	
Hirsch	Hahn	Hengst	Stier	Kater	Eber	Erpel	Fuchs
Hinde	Henne	Stute	Kuh	Katze	Sau	Ente	Fähe
(Hindin)	(Huhn)						(Füchsin)
(Hirschkuh)							

Zur Merkmalbeschreibung von Hengst z.B. sind folgende Angaben notwendig

Hengst

[⟨+ Tier⟩
⟨Art: Pferd⟩
⟨+ männlich⟩]

Bei Tierarten, wie Frosch, Schmetterling, Käfer, deren Aufzucht für den Menschen nicht so unmittelbar von Interesse ist wie die von Haustieren und Wild, werden sprachlich keine Differenzierungen nach Geschlecht vorgenommen. Die Merkmale werden, wenn sie für die Kommunikation wichtig werden, durch zusätzliche Formative eingeführt, z.B. Frosch: Froschmännchen, Froschweibchen. Diese Reihe zeigt gleichzeitig, daß die Repräsentation der Merkmalkomplexe auf der Formativebene sehr unterschiedlich ist und bei diesen Beispielen im Deutschen im Abbau begriffen ist:
Statt verschiedener Wortstämme treten Ableitungen ein:

Fuchs	Enterich	Hirsch
↓	↑	↓
Füchsin	Ente	Hirschkuh

Untersuchungen dieser Art führen in das Gebiet der Lexikologie, wo festgestellt wird, welche Merkmalkombinationen mit Formativen besetzt sind und welche nicht. Auf diese Weise ist es möglich "Bezeichnungslücken" in einem Wortschatz aufzudecken. Für die Semantik ist das insofern von Interesse, als auf diese Weise die Relevanzgrenze für Merkmalunterscheidungen in einer Sprache in das Blickfeld gerückt wird. (Zu diesem Problem siehe besonders: Eugenio Coseriu, Lexikalische Solidaritäten.)

2.3 Ein Beispiel für ein streng strukturiertes Bedeutungsfeld: Die deutschen Verwandtschaftsbezeichnungen. Kategoriale und relationale Merkmale.

(Diese Darstellung ist adaptiert aus: Manfred Bierwisch, Strukturelle Semantik.) Die bisher behandelten Formative stehen in einem Merkmalszusammenhang, der so dargestellt werden kann:

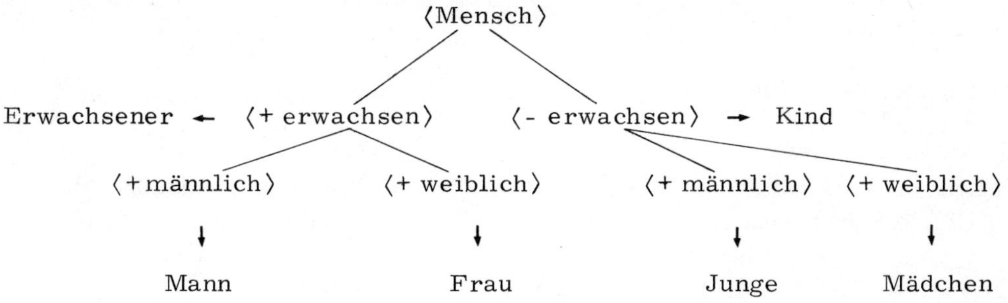

Jedes Formativ ist durch diese Merkmale eindeutig von jedem anderen Formativ unterschieden. Aber auch für gegenseitige Beziehungen, die zwischen Menschen bestehen, stehen in der Sprache besondere Wörter zur Verfügung. Für Mann und Frau zusammen gibt es im Deutschen das Wort Paar; es bezeichnet ein Kollektiv, bestehend aus je einem männlichen und einem weiblichen Wesen; wir können diese spezielle Konstellation als Dualkollektiv bezeichnen, im Gegensatz etwa zu einem Pluralkollektiv wie Mannschaft. Damit ist zunächst eine rein additive Beziehung gemeint, die näher spezifiziert werden kann, z.B. Diebespaar, Liebespaar. Ist diese Beziehung gesellschaftlich anerkannt, (Ehe), so spricht man von Gatten. Aus einem Paar werden Eltern durch die Hervorbringung eines Kindes:

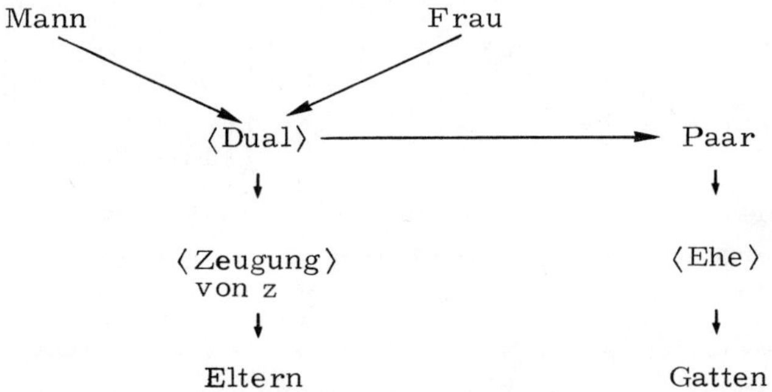

Die Ausdifferenzierung im Deutschen von Paar, Gatten und Eltern macht bei der Analyse den Ansatz von drei Angaben notwendig, die verschiedene Beziehungen symbolisieren:

⟨Dualkollektiv⟩ ⟶ x und y sind ein Paar
⟨x ist mit y verheiratet⟩ ⟶ x und y sind Gatten
⟨x und y zeugen z⟩ ⟶ x und y sind Eltern von z

Die semantische Merkmalbeschreibung von Eltern umfaßt also folgenden Komplex:

Eltern

[⟨+ Mensch⟩
⟨+ erwachsen⟩
⟨+ Dualkollektiv⟩
⟨+ Zeugung von z⟩]

⟨Zeugung⟩ als relationales Merkmal impliziert alle vorausgehenden Merkmale: Zeugung setzt (normalerweise) heterogeschlechtliches Paar voraus; Eltern sind (normalerweise) erwachsene Menschen, die ein Kind zeugen (wobei impliziert ist, daß z ebenfalls ⟨+ menschlich⟩ ist).
Für Eltern heben wir die Dualbindung auf und erhalten dann

x	ist Elter von	z
y	ist Elter von	z

Das Merkmal ⟨Elter von⟩ hat eine Umkehrung ⟨Kind von⟩; beide zusammen stehen für ⟨direkte Verwandtschaftsbeziehung⟩. Der gesamte Bereich der Verwandtschaftsbeziehungen läßt sich auf diese Grundrelation ⟨Elter ⟷ Kind⟩ zurückführen.
Mit Hilfe dieses relationalen Merkmals und den kategorialen Merkmalen ⟨Mensch⟩ und ⟨Geschlecht⟩ lassen sich eine große Reihe von Verwandtschaftsbezeichnungen des Deutschen semantisch beschreiben:

Vater	Mutter	Sohn	Tochter	Bruder	Schwester
⟨+Mensch⟩	⟨+Mensch⟩	⟨+Mensch⟩	⟨+Mensch⟩	⟨+Mensch⟩	⟨+Mensch⟩
⟨+männlich⟩	⟨+weiblich⟩	⟨+männlich⟩	⟨+weiblich⟩	⟨+männlich⟩	⟨+weiblich⟩
⟨+Elter v.z⟩	⟨+Elter v.z⟩	⟨+Kind v.x und y⟩	⟨+Kind v. v.x und y⟩	⟨Kind von Eltern v.z⟩	⟨Kind von Eltern v.z⟩

Die relationalen Merkmale ⟨Elter von⟩ und ⟨Kind von⟩ können im semantischen Ableitungsvorgang eines Wortes eingesetzt werden und vereinfachen wie in diesem Fall die Merkmalsbeschreibung beträchtlich.

Mit Hilfe der Merkmale ⟨Mensch⟩ ⟨Geschlecht⟩ und ⟨ {Elter / Kind} von⟩ ließe sich der Bereich der Verwandtschaftsbezeichnungen auch generativ interpretieren, d.h. die N-Formative lassen sich durch die verschiedene Kombination der Merkmale erzeugen:

[⟨Mensch⟩] ⟶ Mensch

[⟨Mensch⟩ ⟨+ erwachsen⟩] ⟶ Erwachsener

[⟨Mensch⟩ ⟨- erwachsen⟩] ⟶ Kind

[⟨Mensch⟩ ⟨+ erwachsen⟩ ⟨+ männlich⟩] ⟶ Mann

[⟨Mensch⟩ ⟨- erwachsen⟩ ⟨+ männlich⟩] ⟶ Junge (Knabe) (Bube)

oder:	Mann	+	[Elter von z]	⟶	Vater
	Frau	+	[Elter von z]	⟶	Mutter
	Junge	+	[Kind von x und y]	⟶	Sohn
	Mädchen	+	[Kind von x und y]	⟶	Tochter
	Junge	+	[Kind von Elter von z]	⟶	Bruder
	Mädchen	+	[Kind von Elter von z]	⟶	Schwester

2.31 Das Merkmal ⟨Dualkollektiv⟩

Das Merkmal ⟨Dualkollektiv⟩ entsteht im Merkmalkomplex durch Addition der Merkmale ⟨männlich⟩ und ⟨weiblich⟩:

Mann, Frau → [⟨männlich⟩ ⟨weiblich⟩] → ⟨Dualkollektiv⟩ ↓ Paar

Die Ausdifferenzierung kann ohne Spezifizierung von ⟨Geschlecht⟩ erfolgen: dann entsteht der (künstliche) Begriff ⟨Elter von⟩.
Jedes der relationalen Formative kann mit Hilfe des kategorialen Merkmals ⟨Geschlecht⟩ ausdifferenziert werden; dabei wird das Merkmal ⟨Kollektiv⟩ nicht einfach wieder aufgehoben, sondern die Formative

(Liebes-)Paar: Liebhaber, Geliebte — Gatten: Ehemann, Ehefrau — Eltern: Vater, Mutter

tragen als relationale Formative die Information ⟨Partner eines in bestimmter Relation stehenden Paares⟩.

Die Wichtigkeit dieser Beobachtung, nämlich, daß die Ausdifferenzierung eines mit dem Merkmal ⟨Dualkollektiv⟩ versehenen Formativs zu speziellen Lexemen führen kann, soll am Beispiel von Kind verdeutlicht werden: Die Ausdifferenzierung des relationalen Formativs Kind nach ⟨Geschlecht⟩ ergibt Sohn und Tochter; das Dualkollektiv aus Sohn und Tochter ist Geschwister; die Ausdifferenzierung nach ⟨Geschlecht⟩ ergibt Bruder und Schwester:

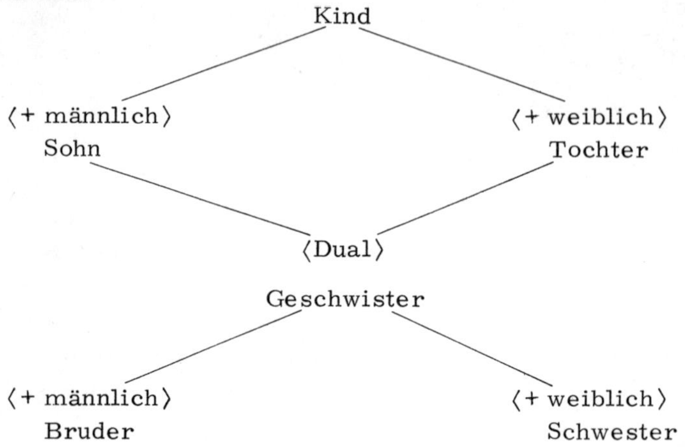

Interessant ist in diesem Zusammenhang auch die Polysemie von Kind: es ist einmal kategoriales Formativ (Formativ mit kategorialen Merkmalen) und einmal relationales Formativ (Formativ mit einem relationalen Merkmal). Diese Verhältnisse spiegeln sich auch in der Syntax:

z ist ein Kind

$$\begin{bmatrix} \langle + \text{ Mensch} \rangle \\ \langle - \text{ erwachsen} \rangle \end{bmatrix}$$

z ist das Kind von x und y

$$\begin{bmatrix} \langle + \text{ Mensch} \rangle \\ \langle \text{gezeugt von x und y} \rangle \end{bmatrix}$$

Bei der Synonymie der Sätze

z ist sein Junge
z ist sein Sohn

wird die Relation ⟨Kind von⟩ durch das Possessivpronomen kontextual eingeführt. Kategoriale Formative können auf diese Weise relational gebraucht werden. Außer im speziellen Kontext der Geburt eines Kindes (z ist ein Sohn, x ist Vater), heißt es sonst in der Regel: z ist der Sohn von x; x ist der Vater von z.

Die Brauchbarkeit des bei der Analyse der Verwandtschaftsbezeichnungen nebenbei gewonnenen Merkmals ⟨Dualkollektiv⟩ ist noch besser zu demonstrieren:
Wenn in einer Familie z.B. fünf Söhne sind, so kann eines der Kinder sagen:

(1) Ich habe vier Brüder: ⟨Pluralkollektiv⟩

Sind in der Familie z.B. drei Brüder und zwei Schwestern, so lautet der entsprechende Satz:

(2) Ich habe vier Geschwister: ⟨Dualkollektiv⟩

d.h. diese gleichgeschlechtlich/verschiedengeschlechtlich-Kollektiva sind sensitiv für das Merkmal ⟨Geschlecht⟩.
Kein anderes Bedeutungsfeld ist so mit Formativen ausdifferenziert wie das der Verwandtschaftsbezeichnungen. Die Voraussetzungen sind von den "objektiven Korrelaten" her sehr günstig:

1. biologisch bedingte Binarität
2. deutlich voneinander abgehobene Generationenfolge
3. soziale Relevanz der Verwandtschaftsbeziehungen

Es ist darauf hinzuweisen, daß die semantischen Verhältnisse bei den Verwandtschaftsbezeichnungen auf den Gesamtwortschatz hin gesehen durchaus untypisch sind.

Aufgaben

(1) Geben Sie eine Merkmalbeschreibung der Bezeichnungen für ⟨indirekte Verwandtschaft⟩: Onkel, Tante, Neffe, Nichte, Cousin, Cousine, und stellen Sie mögliche Kollektivbegriffe fest.

(2) Geben Sie mit Hilfe der Merkmale ⟨Plural⟩ und ⟨Pluralkollektiv⟩ eine Merkmalbeschreibung von

Wolf	Hund	Rebhuhn
Wölfe	Hunde	Rebhühner
Rudel	Meute	Kette

und stellen Sie weitere Wortgruppen dieser Art im Deutschen fest.

(3) Erklären Sie die Anomalie der Sätze:
*Diese Dame ist der Bruder des Oberbürgermeisters.
*Seine Mutter starb im Alter von drei Jahren als Jungfrau.

(4) Geben Sie eine Systembeschreibung des folgenden Wortschatzes:
Vieh Rind Herde Färse Kuh Stier Ochse Kalb

3 AUFSTELLUNG EINER UMFASSENDEN MERKMALHIERARCHIE

Beispiele für die semantische Analyse von N-Formativen

3.1 Wir können davon ausgehen, daß es intuitiv möglich ist, einer Erscheinung der objektiven Wirklichkeit das Merkmal ⟨Mensch⟩ zuzuerkennen oder abzusprechen. Das "objektive Korrelat" ist letztlich wieder biologisch: Mensch ist, was von Menschen abstammt. Damit ist aus der Menge aller N-Formative die Teilmenge mit dem Merkmal ⟨+ menschlich⟩ herausgespalten. Es bleibt die Menge der im Hinblick auf das Merkmal ⟨Mensch⟩ negativ charakterisierten N-Formative.
Das der menschlichen Apperzeption ebenfalls wieder am ehesten zugängliche Merkmal ist ⟨Lebewesen⟩; dieses Merkmal schließt das Merkmal ⟨Mensch⟩ mit ein. Die Grenzen der Zuordnung sind nicht scharf, aber im Kernbereich ziemlich sicher. Aus restlichen Teilmengen der Formative mit dem Merkmal ⟨- belebt⟩ läßt sich ebenfalls wieder nach dem Kriterium der Erfaßbarkeit mit den Sinnen eine Teilmenge nach dem Merkmal ⟨Ding⟩ oder ⟨physisches Objekt⟩ im Kernbereich bestimmen. Der ungeklärte Rest erhält das Merkmal ⟨- konkret⟩.

Wir können die Klassifizierung der Menge aller N-Formative so darstellen (Diese Darstellung ist adaptiert aus: Chomsky (1965), Aspekte der Syntaxtheorie und aus Jacobs/Rosenbaum (1968), Englisch Transformational Grammar):

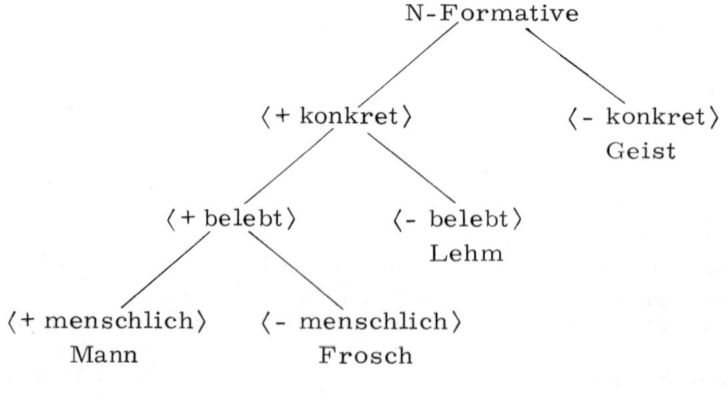

Diese Merkmale haben eine unmittelbare Plausibilität, und sie haben sich bei der Verbindung von grammatischer und semantischer Beschreibung schon bis zu einem gewissen Grad bewährt. Zwar gibt es nicht viele Formative, die auf Grund dieser Merkmale in direkte Opposition treten, aber

sie erfüllen ihren Zweck als erste Grobklassifikation. Die meisten Formative sind durch größere Merkmalketten gekennzeichnet und werden durch diese verschiedenen Unterklassen zugewiesen, die als dominierendes Merkmal eines der obigen Merkmale haben.
Vom Gesamtwortschatz her gesehen ist die übergreifende Kategorie für die Teilmenge ⟨Verwandtschaftsbezeichnungen⟩ und die anderen oben angeführten Formativgruppen das Merkmal ⟨Mensch⟩.
Vieles deutet darauf hin, daß wir damit das zentrale semantische Merkmal der Sprache erreicht haben, wenn wir davon ausgehen, daß die Sprache anthroprozentrisch orientiert ist. Selbstverständlich gibt es theoretisch die Möglichkeit der Formativmenge, die durch das Merkmal ⟨+ menschlich⟩ charakterisiert wird, noch ein umfassenderes Merkmal zuzuordnen, etwa ⟨+ belebt⟩. Über die Zweckmäßigkeit der Einführung dieses Merkmals ist zu diskutieren:
Zunächst ist festzustellen, daß mit Hilfe dieses Merkmals Formative wie

Schmetterling Fisch Spinne Fliege Vogel

zwar von anderen wie

Stein Papier Käse Feuer Messer

geschieden werden können, doch ist eine eindeutige Zuordnung der Merkmale ⟨+ belebt⟩, ⟨- menschlich⟩ zu Formativen wie

Gras Pilz Korn Moos Alge

nicht möglich, da es weitgehend an Kriterien für ⟨+ belebt⟩ fehlt.
Das Merkmal ⟨+ belebt⟩ könnte gestützt werden durch einige Beobachtungen im Hinblick auf die semantische Verträglichkeit:

Der Junge quält den Frosch
*Der Junge quält den Apfel

Da die Formative mit dem Merkmal ⟨+ menschlich⟩ immer zugleich das Merkmal ⟨+ belebt⟩ haben, bringt dieses Merkmal in dem Fall keine zusätzliche Information. Es scheint eher so zu sein:
In der Sprache wird unterschieden zwischen ⟨+ menschlich⟩ und ⟨- menschlich⟩, innerhalb der Klasse, die durch ⟨- menschlich⟩ gekennzeichnet ist, kann die Unterscheidung ⟨+ belebt⟩ und ⟨- belebt⟩ von Belang werden. Wäre das Merkmal ⟨menschlich⟩ dem Merkmal ⟨belebt⟩ (in der Sprache, nicht von logisch-reflektierten Systemen her) untergeordnet, so müßten die Gemeinsamkeiten, die für ⟨+ belebt⟩ gelten, ausnahmslos auch für die Teilmenge, die mit dem Merkmal ⟨+ menschlich⟩ ausgezeichnet ist, gelten. Es zeigt sich aber, daß die syntaktischen Besonderheiten und die Verträglichkeitsbestimmungen überwiegend für ⟨+ menschlich⟩ gelten. Die Kategorie ⟨+ menschlich⟩ ist in der Sprache vor allen Kategorien ausgezeichnet.

Eine semantische Beschreibung, die ⟨Mensch⟩ als Teilklasse von ⟨Lebewesen⟩ auffaßt, mag eine ontologische Ordnung, vielleicht auf naturwissenschaftlich-objektiver Basis sogar, aufstellen, es ist aber nicht die aus dem Sprachbau und den der Sprache zugrundeliegenden Kategorien ablesbare.
Ähnlich verhält es sich mit dem Merkmalpaar ⟨konkret / abstrakt⟩. Auch hier muß man davon ausgehen, daß für den Menschen das Konkreteste er selber und seine unmittelbare Umgebung ist. Das Merkmal ⟨konkret⟩ vermag, ähnlich wie das Merkmal ⟨belebt⟩, Wortgruppen wie

Holz Buch Wasser Wand Turm Sense

von Wortgruppen wie

Geist Gnade Tugend Freude Macht Sehnsucht Gewicht

zu unterscheiden, man weiß aber Wortgruppen wie

Musik Recht Schatten Gefahr Leben Zustand

nicht eindeutig zuzuordnen; der Gegensatz ⟨konkret / abstrakt⟩ trägt für eine semantische Charakterisierung nicht viel aus. Wir wollen das Problem der Abstrakta bei der Behandlung der Substantive noch einmal aufgreifen (Abstrakta als Produkte von Wortbildungsprozessen).
Die wesentliche Unterscheidung für die Semantik ist also ⟨+ menschlich / - menschlich⟩. Je genereller die Merkmale und dementsprechend je umfassender die Klassen werden, desto größer ist auch der Unschärferand.
Der Unschärfe kann durch deutlichere Gliederung innerhalb der generellen Klassen abgeholfen werden. So ist z.B. nicht sehr wichtig, ob ⟨Pflanze⟩ als Untermerkmal von ⟨+ belebt⟩ oder ⟨- belebt⟩ angesehen wird: dagegen läßt sich ein großer Teil der Lexeme deutlich durch ⟨Tier⟩ / ⟨Pflanze⟩ voneinander abheben. Innerhalb der Kategorie ⟨Tier⟩ gibt es Untergliederungen, wie ⟨Vogel⟩, ⟨Fisch⟩, ⟨Käfer⟩, dazu die Kategorien ⟨Haustier⟩, ⟨Wild⟩, ⟨Ungeziefer⟩; ähnliche Untergliederungen (⟨Baum⟩, ⟨Strauch⟩, ⟨Kraut⟩) gibt es innerhalb der Kategorie ⟨Pflanze⟩. Vom semantischen Standpunkt aus sind die vorwissenschaftlichen Taxonomien der Naturerscheinungen interessanter als die Erkenntnisse der modernen Naturwissenschaft. Deutlich zu beobachten ist ein Zurücktreten der lexikologischen Ausdifferenzierung in den Bereichen, die für den Menschen uninteressant oder unzugänglich sind.

Aufgabe

(1) Stellen Sie als kompetenter Sprecher Merkmalkomplexe bis zum Merkmal ⟨Mensch⟩ auf für folgende Formative: Wanderer, Wein, Note, Teig, Vorsicht, Spatz, Theobald.

3.2 Lexikologische Strukturen im Bereich der Formative mit dem Merkmal ⟨- menschlich⟩.

3.21 Geschlossene Wortschatzgruppen

Der Wortschatz mit den Merkmalen ⟨Tier⟩ und ⟨Pflanze⟩ zeichnet sich vor allem durch eine Vielzahl von Gattungsnamen aus, ist aber sonst wenig nach gemeinsamen Merkmalen strukturiert; Ansätze von Bedeutungsfeldern bilden etwa Pflanzenteile:

Baum	Gras	Blume	Pilz
Stamm	Halm	Stengel	Strunk
Wipfel	Rispe	Blüte	Kappe
Ast		Dolde	
Zweig			

oder singuläre Bezeichnungen von Teilen des Körpers bei Tieren:

Vogel	-	Balg	Katze	-	Pfoten
Dachs	-	Schwarte	Bär	-	Tatzen
Schlange	-	Haut	Löwe	-	Pranke

Besser strukturiert sind Landschaftsformen, wo z.B. das Merkmal ⟨relative Größe⟩ vereinzelt eine Rolle spielen kann, z.B.

Berg	-	Hügel
Wald	-	Hain

Mit größerem Erfolg lassen sich etwa die Bezeichnungen der Gewässerformen nach Merkmalen klassifizieren. (Adaptiert aus: D.N. Šmelev, Ob analize semantičeskoj struktury slova, 1966). Ausgehend von dem Minimalpaar:

Fluß	Meer
Bach	(der) See

läßt sich als Merkmal ⟨relative Größe⟩ als relevant isolieren. Bei der Gegenüberstellung von

Fluß	Tümpel
Kanal	Teich

ergibt sich das Merkmal ⟨Entstehungsart: natürlich entstanden/vom Menschen angelegt⟩. Die semantischen Minimalpaare

Fluß	Kanal
See	Teich

liefern die Unterscheidung ⟨fließend / stehend⟩.

Wir können also folgende Tabelle aufstellen, die noch weiter zu ergänzen ist:

	Fluß	Bach	Kanal	Graben	See	Tümpel	Teich	Becken
⟨fließend⟩	+	+	+	+	-	-	-	-
⟨stehend⟩	-	-	-	-	+	+	+	+
⟨natürlich⟩	+	+	-	-	+	+	-	-
⟨künstlich⟩	-	-	+	+	-	-	+	+
⟨groß⟩	+	-	+	-	+	-	+	-
⟨klein⟩	-	+	-	+	-	+	-	+

Gerade im Hinblick auf ⟨relative Größe⟩ läßt sich das Bedeutungsfeld 'Gewässer' noch weiter gliedern, wenn wir etwa die Reihen betrachten:

	fließend	stehend
⟨sehr groß⟩	Strom	Meer
⟨groß⟩	Fluß	See
⟨klein⟩	Bach	Tümpel
⟨sehr klein⟩	Rinnsal	Pfütze

Die Entdeckungsprozedur mit Hilfe semantischer Minimalpaare ist ein Verfahren, das in der Regel von der Mitte eines Bedeutungsfeldes her zuerst die klareren Strukturen aufzeigt. In einem zweiten Schritt müßte versucht werden, auch die übrigen Wörter eines Bedeutungsfeldes in die semantische Beschreibung einzubeziehen, wobei sich etwa die relationale Bedeutung von Quelle ('Ursprung eines Baches') oder Brunnen ('Anlage zur Wasserversorgung') von den kategorialen Merkmalen abheben würde. Es zeigt sich auch, daß viele Wörter im Einzugsbereich mehrerer lexikologischer Systeme stehen.

2.22 Merkmalgewinnung durch Ausdifferenzierung

Ein mehr intuitives Verfahren der Merkmalgewinnung soll am Beispiel des Substantivs Truhe vorgeführt werden: Es macht keine Schwierigkeiten, ihm die generellen Merkmale ⟨+ konkret⟩ und ⟨- belebt⟩ zuzuordnen. Das Merkmal ⟨vom Menschen verfertigt⟩ bietet sich auch hier an. Mit dem Merkmal ⟨Funktion: Behälter⟩ schließen wir bereits Formative, die auch der Wortschatzkategorie ⟨Artefakt⟩ angehören, z.B. Werkzeug oder Fahrzeug aus, und mit dem Merkmal ⟨Material: Holz⟩ ist das Formativ Truhe gegen andere Kessel, Tasche oder Topf abgegrenzt. Die Charakterisierung als ⟨Möbel⟩ trifft z.B. auf Kiste, Korb, Trog nicht zu. Wir haben mit dieser Charakterisierung eine Stufe erreicht, wo nur noch Formative wie Schrank und Kassette nicht deutlich durch Merkmale unterschieden sind. Gegenüber Kassette kann das Merkmal ⟨relative Größe⟩ differenzierend eingesetzt werden (d.h. Truhe zählt zu den großen Möbeln). Die Unterscheidung gegenüber Schrank ist schwieriger; Schränke werden mittels einer "Tür" nach der Seite hin geöffnet, Truhen haben einen

"Deckel", der zum Öffnen nach oben geklappt wird. Dieser letzte Unterschied, räumliche Verhältnisse betreffend, reicht zur unterscheidenden Beschreibung aus, obwohl natürlihh zusätzliche Kriterien wie Verschlußart (Truhe: Hängeschloß, Schrank: Türschloß) und Mehrzweckverwendung (Truhe: auch zum Sitzen) noch herangezogen werden könnten. Die Beschreibung des Formativs Truhe im Lexikon mit Hilfe eines Merkmalkomplexes könnte so aussehen:

Truhe

⟨+ N⟩
⟨+ fem⟩
⟨+ zählbar⟩
⟨+ GN⟩
⟨+ konkret⟩
⟨- belebt⟩
⟨Artefakt⟩
⟨Funktion: Behälter⟩
⟨Material: Holz⟩
⟨Verwendung: als Möbel⟩
⟨relative Größe: groß⟩

Von diesem Merkmalkomplex läßt sich ablesen, daß wir den Übergang von syntaktischen Merkmalen zu semantischen als fließend ansehen. Die Ausdifferenzierung "nach unten" spiegelt das Ausmaß der Auswirkungen eines Merkmals auf syntaktische und semantische Verträglichkeit wider; je weiter "unten" ein Merkmal auftritt, desto geringer sind die syntaktischen, desto größer aber die semantischen Auswirkungen; die "unteren" Merkmale haben unterscheidende Funktion gegenüber nur wenigen Formativen. Das "letzte" Merkmal stellt theoretisch gesehen den Unterschied zwischen einem Formativ und seinem engsten Synonym dar.
Den Vorgang des Ausdifferenzierens kann man auch mit Hilfe eines angedeuteten Stammbaums darstellen: (s. S. 44; wir lassen syntaktische Merkmale wie ⟨Genus⟩, ⟨zählbar⟩, ⟨Gattungsname⟩, usw. beiseite).
Die Bedeutung eines Wortes ergibt sich hier aus der Zugehörigkeit zu den verschiedenen Begriffsklassen und der spezifischen Auswahl unter ihnen. Die verschiedenen Annäherungsmöglichkeiten an eine Bedeutungsbeschreibung werden hier ebenfalls deutlich: Einerseits bieten die generellen Kategorien eine erste Grobgliederung ("von oben") andererseits ergeben sich aus den engsten Synonymenpaaren die feinen Unterscheidungsmerkmale. Dazwischen liegen Bedeutungsfelder, deren Struktur es aufzuhellen gilt. Dieses Verfahren, das ein Formativ mit Hilfe von Merkmalen allmählich aus der Menge aller N-Formative isoliert, liefert Merkmale, deren Brauchbarkeit, erst noch in größerem Rahmen überprüft werden müßte. Dennoch scheint es, als ob gerade im Bereich der Bezeichnungen für vom Menschen erzeugte Dinge die Spezifizierung allgemeiner Kriterien wie ⟨Form: ⟩, ⟨Funktion: ⟩, ⟨Material: ⟩ brauchbare Differenzierungen liefert.

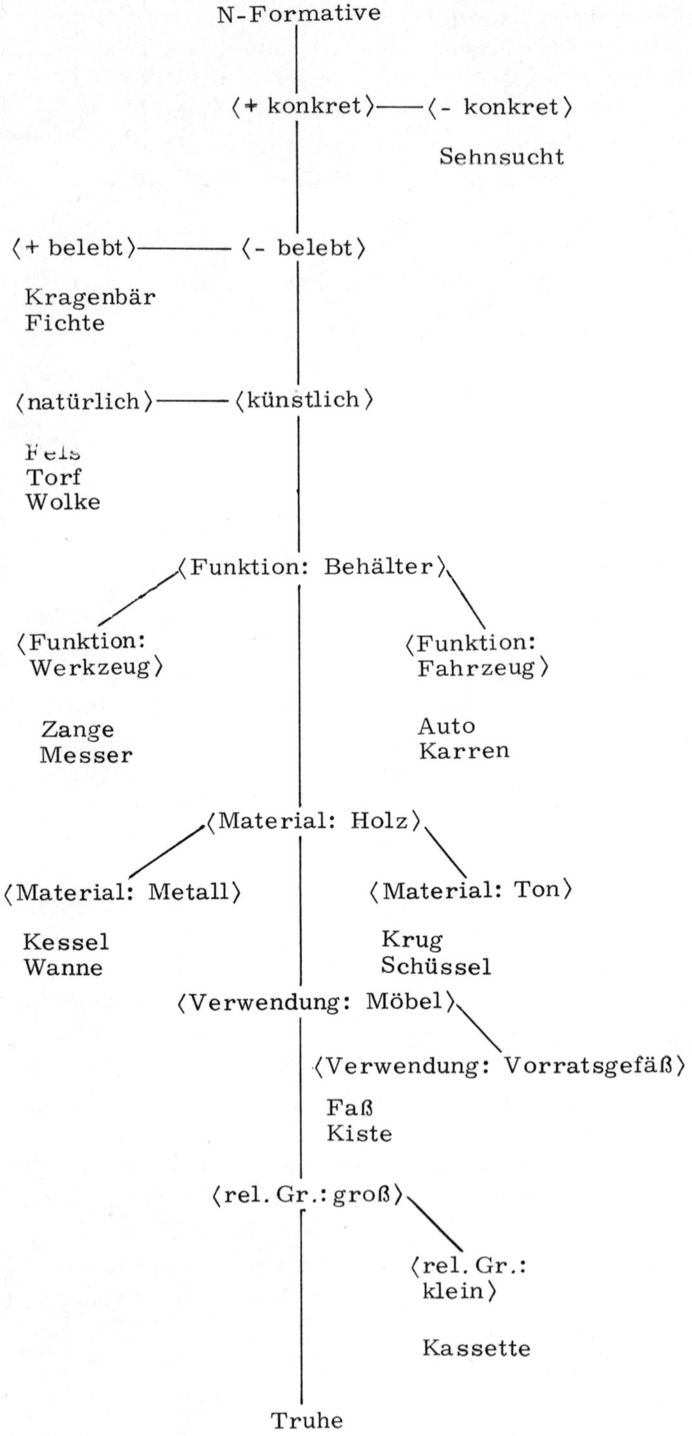

A u f g a b e n

(1) Versuchen Sie eine semantische Ausdifferenzierung des Wortschatzes auf das Formativ <u>Tasse</u> hin.

(2) Entfalten Sie folgendes Merkmalbündel zu einem angedeuteten Stammbaumschema:

Heft

[⟨+ N⟩
⟨+ neutr⟩
⟨+ zählbar⟩
⟨+ konkret⟩
⟨- belebt⟩
⟨+ Artefakt⟩
⟨Material: Papier⟩
⟨Form: Blätter⟩
⟨rel. Größe: dünn⟩]

2.23 Das relationale Merkmal ⟨Teil von⟩

Die Aufstellung von semantischen Merkmalen ist eine der Hauptaufgaben der strukturellen Semantik. Über Art, Zahl und Verteilung der semantischen Merkmale der deutschen Sprache gibt es noch keine umfassende Untersuchung. Die Semantik steckt auf diesem Gebiet noch in den Anfängen. Was wir hier vorführen, sind erste zaghafte Ansätze, die erst noch der wissenschaftlichen Nachprüfung bedürfen.
Ein Beispiel einer strengen formalen Absicherung eines syntaktisch-semantischen Merkmals, der ⟨Teil von⟩-Relation, soll hier kurz dargestellt werden. (Die Darstellung ist adaptiert aus: Manfred Bierwisch, Eine Hierarchie syntaktisch-semantischer Merkmale.)
Ausgehend von der Beobachtung, daß innerhalb des syntaktischen Musters

N_1 hat N_2 (Das Auto hat einen Motor)

die Vertauschungsmöglichkeit von N_1 und N_2 (*Der Motor hat ein Auto) starken Beschränkungen unterliegt, geht Bierwisch der Frage nach, welche semantischen Eigenschaften die Klassen der N_1-Formative und der N_2-Formative haben, daß sie in diesem Satzmuster zueinander in Relation gesetzt werden können und wie eine syntaktisch-semantische Charakterisierung von N_1 und N_2 aussehen müßte, die verhindert, daß ungrammatische Sätze der Art N_2 hat N_1 entstehen. Um die N_2-Formative zu klassifizieren, werden die Merkmale ⟨+ zählbar⟩ und ⟨+ konkret⟩ verwendet. Es ergeben sich folgende Klassen:

$\begin{bmatrix} + \text{zählbar} \\ + \text{konkret} \end{bmatrix}$: Stein, Tisch, Hund, Junge, ...

$\begin{bmatrix} + \text{zählbar} \\ - \text{konkret} \end{bmatrix}$: Wort, Frage, Führung, Tatsache, ...

$\begin{bmatrix} - \text{zählbar} \\ + \text{konkret} \end{bmatrix}$: Lehm, Mehl, Milch, Salz, ...

$\begin{bmatrix} - \text{zählbar} \\ - \text{konkret} \end{bmatrix}$: Mut, Furcht, Vorsicht, Sorgfalt, ...

Aus der Klasse mit der Merkmalkombination $\begin{bmatrix} + \text{zählbar} \\ - \text{konkret} \end{bmatrix}$ werden durch zwei weitere Kriterien, die sich aus dem Verhalten des Formativs in Sätzen des Typs

Peter hat einen Kopf

ergeben, bestimmte Formative isoliert. Die beiden Kriterien sind:
1. das Verhalten gegenüber dem bestimmten Artikel:

Peter hat ein Buch	Peter hat das Buch
Peter hat einen Kopf	*Peter hat den Kopf

2. Die Ersetzbarkeit von haben durch besitzen

Peter besitzt ein Buch
*Peter besitzt einen Kopf

Zwischen dem N-Formativ in Objekt-Position und dem N-Formativ in Subjekt-Position besteht in Sätzen dieses Typs eine Relation A hat ein B, die interpretierbar ist als 'B ist ein Teil von A'. Die syntaktische Charakterisierung dieser Relation kann in zweierlei Hinsicht vorgenommen werden: sie kann in die Merkmalbeschreibung von haben aufgenommen werden oder in die der in Frage kommenden N-Formative; wenn die N-Formative charakterisiert werden, ist weiter zu entscheiden, ob das für A in Frage kommende oder das für B in Frage kommende die Charakterisierung tragen soll. Die Gliederung bestimmter Wortschatzbereiche durch die ⟨Teil von⟩-Relation läßt sich an einem Beispiel schematisch etwa so darstellen:

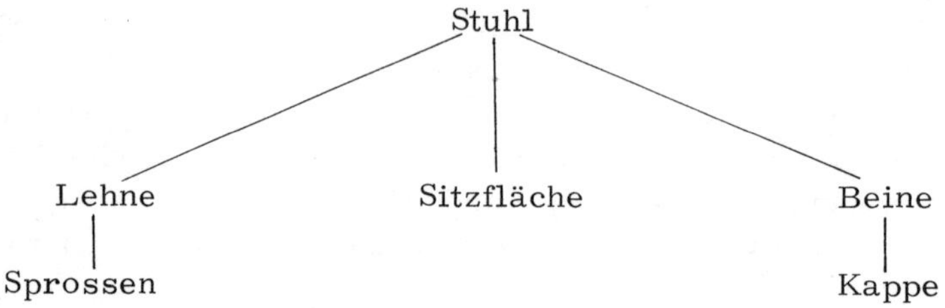

Syntaktisch können diese Formative folgende Verbindungen eingehen

Der Stuhl hat eine Lehne
Der Stuhl hat eine Sitzfläche
Der Stuhl hat vier Beine
Die Lehne hat zwei Sprossen
Das Stuhlbein hat eine Kappe

Um nun zu verhindern, daß Sätze wie

*Die Lehne hat einen Stuhl

zustandekommen, ist es notwendig, alle ⟨Teil von⟩-Hierarchien mit Indizes zu versehen und ebenso die Abhängigkeitsverhältnisse zu bezeichnen. Nehmen wir an, das Hierarchiegefüge Stuhl erhielte die Kennzahl 7, so kann man für das Schema folgende Zahlenverteilung ansetzen:

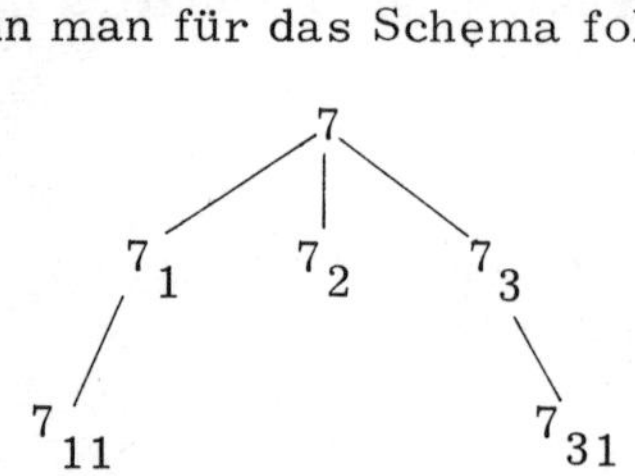

und durch eine Regel festlegen, daß diejenigen Wörter, denen im Gefüge als Index die längere Zahl zugeordnet ist, sich nur mit Wörtern verbinden, deren Anfangszahl identisch, deren Gesamtzahl aber kürzer ist, wobei das Wort mit der längeren Zahl in die Objektposition tritt; alle Wörter der Stammbaumzweige sind in Objektfunktion mit den Wörtern nach oben zur Wurzel 7 hin zu haben-Sätzen zu verbinden:

Der Stuhl$_7$ hat eine Lehne$_{7_1}$

Die Lehne$_{7_1}$ hat eine Sprosse$_{7_{11}}$

Für jedes Wort des Deutschen, das in einer syntaktisch in Erscheinung tretenden ⟨Teil von⟩-Relation steht, wäre eine solche hierarchische Einordnung zu leisten. Es sind im übrigen die Wörter an der Wurzel, die dann die semantische Merkmalbeschreibung tragen, welche, durch die ⟨Teil von⟩-Relation ergänzt, auch für die untergeordneten Wörter gilt. Auf diese Weise ließen sich auch ähnlich strukturierte Wortgruppen, etwa in der Jägersprache, angemessen beschreiben und die Selektionsbeschränkungen formulieren; es liegen von der Hierarchie her Äquivalenzbeziehungen vor; den Wörtern an der Stammbaumwurzel kommt für die einzusetzenden Formative die Selektionsaufgabe zu; umgekehrt projizieren die unteren Bestandteile der Hierarchie diese Beschränkungen auch auf das Wurzelwort: Wenn z.B. von Fang die Rede ist, ist Fuchs impliziert. Die Körper/Glied-Relation bildet das konzeptuale Gerüst, welches je nach dem dominierenden Wort an der Wurzel zur Wahl verschiedener Formative führt:

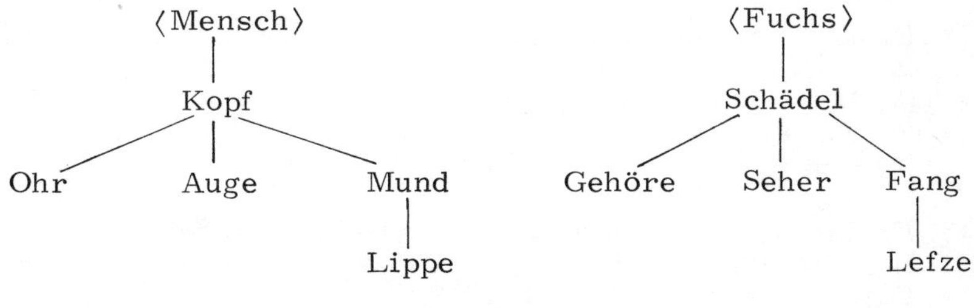

Auf diese Weise erreicht man eine Vereinfachung der Lexikonbeschreibung für diese Wörter, da alle einen Index tragen, der die Relation zum "Wurzelwort" angibt. Aber auch andere Einsparungen in der Lexikonbeschreibung sind möglich, wenn man ⟨Teil von⟩ als Merkmal einführt.
Denn da für die ⟨Teil von⟩-Relation nur Individuativa, also N-Formative mit dem Merkmal ⟨+ zählbar⟩, in Frage kommen, kann ⟨Teil von⟩ so definiert werden, daß es auch das Merkmal ⟨+ zählbar⟩ vertritt: Jedes Wort mit dem Merkmal ⟨Teil von⟩ hat auch ⟨+ zählbar⟩.
Das Merkmal ⟨Teil von⟩ weist mit besonderer Deutlichkeit die beiden Eigenschaften auf, die die Etablierung eines Merkmals rechtfertigen:

1. Es ist aus der Analyse des besonderen syntaktischen Verhaltens bestimmter Formativ-Klassen gewonnen und präpariert als Bestandteil der Lexikonbeschreibung bestimmte Wörter für den Einbau in Basisketten, welche die Grundlage wohlgeformter Sätze sind.
2. Es trägt dazu bei, die semantischen Strukturbeziehungen innerhalb von Wortgruppen zu spezifizieren. Der Bedeutungsbeschreibung von haben rückt man ebenfalls einen Schritt näher: Die Bedingung für den Gebrauch dieser Variante von haben ist das Vorhandensein eines N-Formativ-Paares, das zueinander in der ⟨Teil von⟩-Relation steht; die Merkmalbeschreibung von haben sieht dann so aus:

haben

$$\begin{bmatrix} \langle + \mathrm{V} \rangle \\ \langle + \mathrm{NP}_0 \; [\mathrm{X}] \rangle \\ \langle + \mathrm{NP}^0_1 \; [\mathrm{ParsX}] \rangle \end{bmatrix}$$

und ist zu lesen als: haben wird als Verb-Formativ in eine Basiskette nur eingeführt, wenn in Subjektposition ein Wort mit bestimmter Merkmalbeschreibung (X) vorgesehen ist, dem in Objektposition ein Wort gegenübersteht, das in seiner Merkmalbeschreibung das Merkmal ⟨Teil von (X)⟩ aufweist.

Aufgaben

(1) Stellen Sie die Teil-von-Hierarchie für das Wurzelwort Kopf auf.

(2) Erklären Sie die Abweichung der Sätze
(a) *Das Haus hat den Kamin
(b) *Dem Haus gehört der Kamin
gegenüber dem akzeptablen Satz
(c) Das Haus hat einen Kamin.

(3) Erklären Sie den Unterschied zwischen den Sätzen
Hahn hat die Sichel
Der Hahn hat eine Sichel

4 SEMANTISCHE TESTS

Wir haben in den vorangegangenen Kapiteln zuweilen den "kompetenten Sprecher" als Informanten bemüht. So wünschenswert es wäre, linguistische Untersuchungen auf empirische Daten, zumindest auf zuverlässige Befragungen von Sprechern einer Sprache zu gründen, so unzulänglich und frustrierend ist dieses Vorgehen gegenwärtig noch, weil nur wenige Untersuchungen zu diesem Problem vorliegen und die Linguistik immer noch eine Disziplin ist, die sich vorwiegend mit Theorienbildung beschäftigt, statt auch für ein empirisches Fundament zu sorgen. Wir stellen hier kurz einige Möglichkeiten vor, wie der Linguist wenigstens seine eigenen Intuitionen als kompetenter Sprecher überprüfen kann, möglicherweise sogar auch Befragungen von Testpersonen vornehmen kann. Dazu sind einige theoretische Vorüberlegungen notwendig (Adaptiert aus: Jon Wheatley, Language and Rules).

4.1 Inhaltsregeln - Erfordernisregeln

Im Zusammenhang mit der verbalen Definierbarkeit von Wörtern wurde festgestellt, daß ein Wort wie Fuchs (in mindestens einer seiner Bedeutungen) verbal definierbar ist als:

Ein Fuchs ist ein braunes Pferd

Dabei sei bei braun die Grenze der verbalen Definierbarkeit im Sinne einer äquivalenten Umschreibung mit anderen Wörtern erreicht. Dennoch gelten für braun noch Aussagebeziehungen, die bei jeder Verwendung mitgesetzt sind. Um von einem Phänomen X sagen zu können, es sei braun, muß es der allgemeinen Bedingung, farbig zu sein, genügen. Wir sprechen daher von "erforderlichen" Komponenten eines Wortes wie braun (Erfordernisregeln). Andererseits gibt es eine Reihe von Wörtern, die nicht so schnell die Grenze ihrer verbalen Definierbarkeit erreichen, sondern über die weiterführende Angaben gemacht werden können, ohne daß von vornherein geklärt ist, ob damit eine verbale Definition erreicht ist oder eine Erfordernisregel angegeben ist; wir sprechen daher von Inhaltsregeln. Dazu folgende Beispiele:

1. X ist ein Mann beinhaltet X atmet
   X geht auf zwei Beinen
   X kann sprechen
   usw.

(Erfordernisregel: X ist ein Mann erfordert X ist ein Lebewesen)

2. X ist ein Hase beinhaltet X hat zwei lange Ohren
X frißt Gras
X hat ein Fell
usw.

(Erfordernisregel: X ist ein Hase erfordert X ist ein Tier)

3. X ist ein Smaragd beinhaltet X ist grün
X ist unverdaulich
X ist kostbar
usw.

(Erfordernisregel: X ist ein Smaragd erfordert X ist ein Edelstein)

Die Inhaltsregeln (die man auch als Konnotationen bezeichnen kann) geben also mögliche Aspekte eines Phänomens an, die als Aussagen über ein X zutreffen können, anders ausgedrückt: Erfordernisregeln geben die Begriffsstruktur eines Wortes, Inhaltsregeln geben die möglichen Anwendungen eines Wortes in Sätzen.
Der Unterschied zwischen beiden Regelarten ist auch mechanisch zu erfassen. Angenommen ein Wort unterliegt der Erfordernisregel

X ist W erfordert X ist V

dann ist es sinnvoll zu sagen

Jedes W ist V

es ist aber nicht sinnvoll zu sagen

Jedes VW ist ...

Ein Beispiel:
Es ist sinnvoll zu sagen

Ein Quadrat ist gleichseitig

und Jedes Quadrat ist gleichseitig

hingegen ist es nicht sinnvoll zu sagen

Ein gleichseitiges Quadrat ist ...

eben weil es andere als gleichseitige Quadrate nicht gibt und die Aussage tautologisch ist. Dasselbe gilt für Aussagen wie

Das unerwachsene Kind ...
Die Gemahlin von X, die verheiratet ist, ...

Dagegen kann man sich selbst für den Fall der Inhaltsregel

X ist ein Mann beinhaltet X atmet

eine Situation vorstellen, in der der Satz

Der atmende Mann ...

einen Sinn ergibt, z.B. wenn bei einer Gelegenheit mehrere Männer den Atem anhalten, einer aber weiteratmet. In einem Extremfall wie diesem, wo atmen fast schon zu den Erfordernisregeln gehört, muß man zu ziemlich konstruierten Beispielen greifen, um den Unterschied von Erfordernisregel und Inhaltsregel zu demonstrieren, in den meisten Fällen aber ist der Unterschied deutlich faßbar.
Wir halten für unsere Zwecke des Testens daraus folgendes fest:

1. Eine für die semantische Struktur eines Wortes relevante Komponente (Erfordernisregel) ergibt in der Verallgemeinerung (Jedes ...) einen sinnvollen Satz, in attributiver Verbindung mit dem Wort aber einen tautologischen Satz.

2. Für nicht-relevante Komponenten (Konnotationen, Inhaltsregeln) lassen sich immer, wenn auch manchmal sehr gesuchte, Kontexte finden, die einen sinnvollen Satz ermöglichen.

Aufgabe

(1) Inhaltsregeln und Erfordernisregeln lassen sich auch für Verben und Adjektive aufstellen. Entscheiden Sie, ob es sich in den folgenden Fällen um Inhaltsregeln oder um Erfordernisregeln handelt:

1.	'A bittet um X'	:	'A möchte X haben'
2.	'A sagt 'Ich verspreche X zu tun''	:	'A hat die Absicht, X zu tun'
3.	'A sagt 'X ist gut''	:	'X genügt den Ansprüchen von A'
4.	'A fragt B nach X'	:	'A weiß X'
5.	'A ist ein Hahn'	:	'A hat Federn'

4.2 Interpretationstest —— aber-Test

Wir führen noch zwei weitere Testarten an (Adaptiert aus: Edward Herman Bendix, Componential Analysis of General Vocabulary):

4.21 Der einfache Interpretationstest

Zwei Sätze werden zueinander in Kontrast gesetzt und der Informant wird gebeten, die Unterschiede anzugeben.
Diese Unterschiede, formalisiert und durch andere Testarten erhärtet, sollen den bedeutungsunterscheidenden Komponenten zwischen zwei Wörtern entsprechen.

Beispiel 1:

Ein Informant wird gebeten, den Satz zu interpretieren

Er hat mir das Buch nicht geschenkt, er hat es mir geliehen

Mögliche Antwort: Im Falle von schenken kann ich das Buch behalten, im Falle von leihen muß ich es irgendwann wieder zurückgeben.

Formalisierung: (1) A schenkt dem B ein C
(2) A leiht dem B ein C

(1) A gibt dem B ein C
C gehört nun B

(2) A gibt dem B ein C
C gehört immer noch A

Gemeinsame Komponente	:	A gibt dem B ein C
Unterscheidende Komponente	:	Besitzwechsel

Beispiel 2:

Er hat das Buch nicht genommen, er hat es bekommen

Mögliche Interpretation: Er hat selbst nichts dazugetan, er hat es einfach bekommen.

Formalisierung: (1) A bekommt ein C
(2) A nimmt C

(1) A erhält C
A tat selbst nichts dazu, um C zu erhalten

(2) A erhält C
A tut selbst etwas, um C zu erhalten

Gemeinsame Komponente	:	A erhält C
Unterscheidende Komponente	:	Eigenes Bewirken durch A

Die Vorarbeit des Linguisten besteht in der Auswahl passender semantischer Minimalpaare; die allgemeine Formel ist:

$$S_1 = S_2 + M$$

wobei das M das unterscheidende Merkmal ist.
Um etwa Beispiel 1 (Besitzwechsel) noch genauer zu testen, untersuchen wir die Zuordnung von

C gehört (nicht) A

zu den beiden Verben

a) Er hat mir das Buch nur geschenkt
b) Er hat mir das Buch nur geliehen
c) also gehört es mir nicht

Der Informant wird hier gebeten, anzugeben, welche der zwei Sätze (a) und (b) sich am besten mit (c) verbinden lassen. Der erste Test kann auf diese Weise überprüft werden.

4.22 Der Test mit aber

Mit Hilfe dieses Tests ist es möglich, relevante Komponenten zu trennen von zufälligen oder habituellen Konnotationen.

Beispiel:

(a) Hans hat seine Uhr verlegt, aber er weiß, wo sie ist
(b) Hans hat seine Uhr verlegt, aber er weiß nicht, wo sie ist

Formalisierung: A verlegt B
M: A weiß nicht, wo B ist

Ist Satz (a) möglich, so ist M eine Konnotation und nicht eine relevante Komponente von verlegen. Die Testperson wird aufgefordert zu sagen, ob Satz (a) möglich ist oder nicht. Der aber-Test ist, so scheint es, am besten von allen geeignet zur Feststellung relevanter Komponenten.

Beispiel:

(a) Hans hat seine Uhr verlegt, aber mit Absicht
(b) Hans hat seine Uhr verlegt, aber ohne Absicht

Mögliche Reaktionen des Informanten auf (a):

1. Es ergibt keinen Sinn, wenn jemand sagt, er hat etwas mit Absicht verlegt. Normalerweise sagt man so nicht.

2. Das muß ironisch gemeint sein. Er hat sie nicht verloren, sondern versteckt, weil er sie nicht mag.

3. Wenn jemand so etwas 'mit Absicht' tut, so kann man nicht sagen, er hat sie verlegt.

Alle drei Reaktionen lassen erkennen, daß es sich um ein relevantes Merkmal handelt, dessen ausdrückliche Betonung oder Negation diese Sätze (a) und (b) inakteptabel werden läßt.
Die Tests basieren auf der intuitiven Fähigkeit des kompetenten Sprechers, begriffliche Widersprüche in Sätzen zu erkennen. Sie bieten insbesondere ein Überprüfungsverfahren für die Minimalpaaranalyse, welche sonst möglicherweise nur ad-hoc-Unterschiede eruieren könnte.
Semantische Tests sind in mindestens vierfacher Hinsicht interessant:

1. Sie können Aufschluß geben über den Verstehensprozeß beim Hörer und bilden die Grundlage für die analytische Rekonstruktion dieses Prozesses.
2. Sie liefern Material über die semantische Intuition des kompetenten Sprechers. Diese Aussagen bilden allerdings nur das Rohmaterial; die Aufstellung des semantischen Systems und die Definition der relevanten Einheiten ist Aufgabe des Linguisten.
3. Wenn bei der semantischen Analyse von einem Text ausgegangen wird, so ist der Linguist in der Regel davon abhängig, ob dieser Text zufällig die für seine Zwecke besonders erhellenden Beispiele und Definitionshilfen enthält. Beim Testverfahren kann der Linguist von sich aus eben diese Beispiele konstruieren und sie der Bewertung durch den kompetenten Sprecher unterziehen.

4. Die Tests sind Kontrollverfahren, um auch die sprachliche Intuition des Linguisten zu überprüfen und seinen wissenschaftlichen Aussagen eine empirische Basis zu vermitteln.

(1) Stellen Sie Tests an mit Hilfe folgender Sätze:

1. Er hat ihm das Geld vorenthalten.
2. Er erkannte ihn, aber er grüßte ihn nicht.
3. a) Er vermißt seine Uhr, aber er hat sie bei sich.
   b) Er vermißt seine Uhr, aber er merkt es nicht.
4. Er war ihr Liebhaber, aber er liebte sie nicht.

(2) Interpretieren Sie folgendes Befragungsergebnis:
Auf die Frage, ob der Satz möglich sei

Er hatte es erwartet, aber er war überrascht

antworten die Testpersonen:

1. Er tut nur so als sei er überrascht, aber in Wirklichkeit hatte er es erwartet.
2. Er hatte weniger erwartet, jetzt war er überrascht, daß es so viel war.
3. Wenn er es erwartet hat, bräuchte er nicht überrascht zu sein.

5 DIE STAMMBAUMDARSTELLUNG NACH KATZ ALS SEMANTISCHES BESCHREIBUNGSVERFAHREN

5.1 Obwohl die Stammbaumdarstellung, wie sie Katz als Modell für eine semantische Strukturbeschreibung im Lexikon einer Transformationsgrammatik vorschlägt, einige Mängel hat, fördert eine konsequente Anwendung dieses Darstellungsverfahrens, z. B. auf einsprachige Wörterbuchartikel, interessante Probleme zutage, die im Rahmen einer umfassenden Sprachtheorie geklärt werden müssen. Wir diskutieren daher kurz das bachelor-Beispiel von Katz und wenden uns dann wieder dem Deutschen zu.

Die "verschiedenen Lesarten eines Wortes" können in der Form eines Stammbaumschemas dargestellt werden. Das bekannteste Beispiel von Katz ist bachelor:

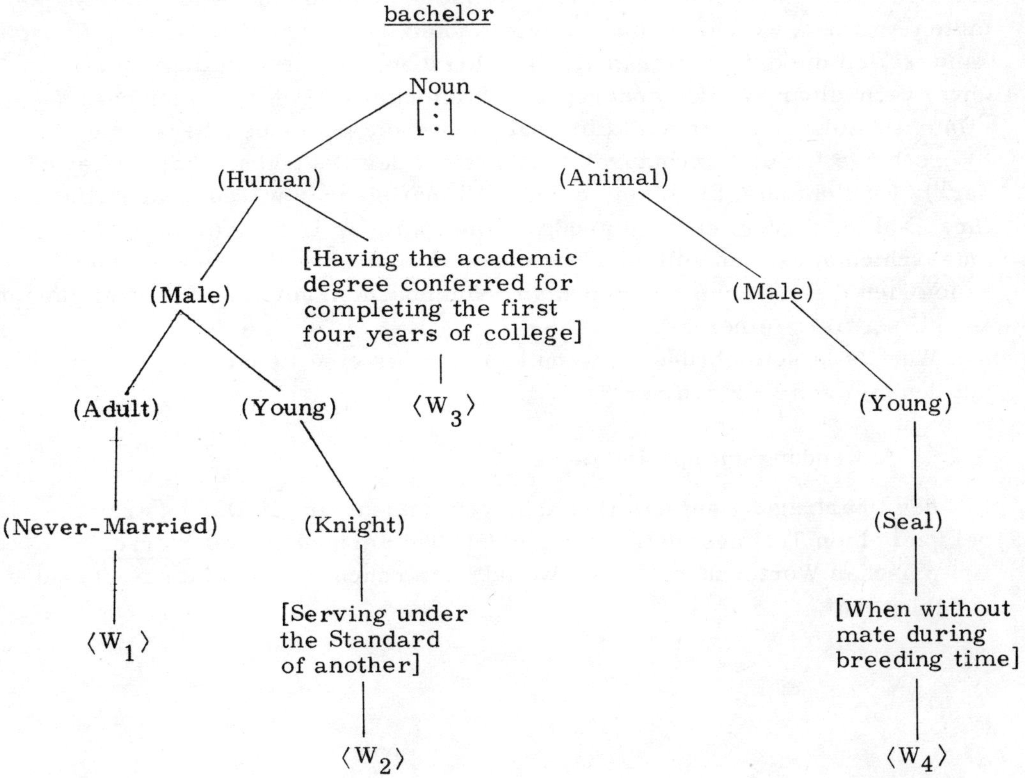

So ein Stammbaum bringt sozusagen alle Bedeutungen, die mit einer Lautform verbunden werden können, unter ein Dach. Die "Wortbedeutung" stellt sich dabei als ein Komplex von Lesarten dar, wobei die Beziehungen zwischen diesen Lesarten ein Problem für sich bilden.
Dennoch sind die theoretischen Implikationen dieser Auffassung von "Wortbedeutung" interessant und aufschlußreich genug. Die Phonemkette /bætʃələ/ oder deren orthographische Repräsentation bachelor hat nach dieser Darstellung vier Lesarten, die jeweils einen Zweig des Stammbaums bis zum Endknoten bilden, und offenbar einem Wörterbuch entnommen sind. Es muß offen bleiben, ob die Lesartangabe vollständig ist (so scheint z. B. die Lesart, die dem Satz 'He got his Bachelor of Arts' zugrundeliegt, nicht aufgenommen zu sein).
Die Knoten, welche zu so einem Zweig gehören, bilden zusammen die Begriffsstruktur der Lesart; alle Knoten zusammen bilden die Begriffsstruktur des Wortes. Zu jeder Lesart gehören, als äußerste "Zweigspitze" bestimmte Selektionsbeschränkungen (W), welche im Satz die Verbindbarkeit eben dieser Lesart mit denen anderer Wörter regeln. Hat also ein und dieselbe Phonemkette mehrere Lesarten, so bewirken die Selektionsbeschränkungen, die im Hinblick auf den übrigen Kontext wirksam werden, daß nur bestimmte Lesarten für die Interpretation in Frage kommen. Die in eckige Klammern gefaßten Angaben, welche man als letzte Knoten der Begriffsstruktur auffassen kann, sollen diejenigen Merkmale umschreiben, welche jeweils eine Lesart unverwechselbar von den anderen Lesarten unterscheiden; man nennt sie "Unterscheidungsmerkmale" (distinguishers; die deutsche Übersetzung in "Vorschläge für eine strukturale Grammatik des Deutschen" hat "Unterscheider"). Es sieht aus, als ob sie nicht systematisierbar wären; jedenfalls ist ihre Zahl sehr groß, etwa so groß wie die Zahl der Lesarten, die voneinander unterschieden werden sollen. Über diesen "Unterscheidungsmerkmalen" bauen sich die elementaren Bedeutungskomponenten auf, welche zusammen die Begriffsstruktur einer Lesart bilden.
Ein Wort ist also mehrdeutig, wenn es mehr als eine Lesart hat, und das ist bei den meisten Wörtern der Fall.

5.2 Anwendung auf das Deutsche

Bei der Übertragung auf das Deutsche verwenden wir als Demonstrationsbeispiel einen Teil des Materials aus dem Wörterbuchartikel Wurzel im Grimmschen Wörterbuch, den G. Wahrig untersucht und in einer Neufassung vorgelegt hat:

Wurzel

1. der in der Erde befindliche Teil einer Pflanze

1.0.1.1. ⟨i.e.S.⟩ eßbare Wurzel, Speisewurzel

1.0.1.2. medizinisch verwendete Wurzel einer Heilpflanze, Heilwurzel

1.0.1.3. ⟨Anatomie⟩ Zahnwurzel

1.0.1.4. ⟨Anatomie⟩ Ursprungsstelle eines Organs, von Adern, von der Zunge; Zungenwurzel, Haarwurzel

1.0.1.5. auch figürlich

1.0.1.6. ⟨veraltet⟩ Fuß eines Berges, Gebirges

1.0.1.7. ⟨figürlich⟩ Grund, Ursache, Ursprung, Grundlage, Quelle, Ausgangspunkt
figürlich nach dem Aussehen

1.0.2. ⟨umgangssprachlich und mundartlich⟩ böser Mensch, ungeratenes Kind

1.0.3. ⟨vulgär⟩ männliches Glied

1.0.4. ⟨Studentensprache⟩ Mucker

1.0.7. mundartlich

1.0.7.1. Möhre, Karotte: Daucus

1.0.7.2. ⟨schwäbisch⟩ Runkelrübe: Beta vulgaris

1.0.7.3. ⟨oberpfälzisch⟩ loser Mensch

1.0.7.4. ⟨elsässisch⟩ kleiner Mensch

1.0.7.5. ⟨darmstädtisch⟩ recht betriebsamer kleiner, zäher, geschmeidiger Kerl

1.0.8.1. ⟨Bauwesen⟩ der an die Mauer anstoßende Teil von Strebepfeilern

1.0.8.2. ⟨Werkzeugmacherei⟩ runde oder spitze Zacken am Sägezahn

1.0.8.3. ⟨Mathematik⟩ diejenige Zahl, deren zweite, dritte, bis nte Potenz eine Zahl a ist;
Quadratwurzel, Kubikwurzel, vierte, fünfte, nte Wurzel;

1.0.8.4. ⟨Mathematik, veraltet⟩ Unbekannte einer Gleichung

1.0.8.5. ⟨Sprachwissenschaft, veraltet⟩ nicht zusammengesetztes und nicht abgeleitetes Wort; aus dem zusammengesetzte und abgeleitete Wörter gebildet werden; Stammwort, Wurzelwort

1.0.8.7. ⟨historische Sprachwissenschaft⟩ unflektierte, eine Bedeutung tragende Lautgruppe als Grundlage der Entwicklung von Wörtern in einer oder mehreren Sprachen

Diese Aufstellung zeigt deutlich, welchen Widerstand das lexikalische Material einem systematisierenden Zugriff entgegensetzt. Man könnte nun, Katz folgend, ein Stammbaumschema herstellen, wobei die nach Dezimalzahlen geordneten Angaben als Anhaltspunkte für Lesarten gewertet werden (siehe folgende Seite).
Der Tradition der deutschen Lexikographie seit Grimm entsprechend umfaßt hier die Bedeutungsbeschreibung eines Wortes alle Information, die historische, literarische und dialektologische Forschung über ein Wort zutage gefördert hat.
Die Bedeutung eines Wortes stellt sich so dar als die Gesamtheit der eruierbaren Verwendungsweisen. Inwiefern trägt dies zur semantischen Analyse eines Wortes bei?

Stammbaumdarstellung der Lesarten für Wurzel:

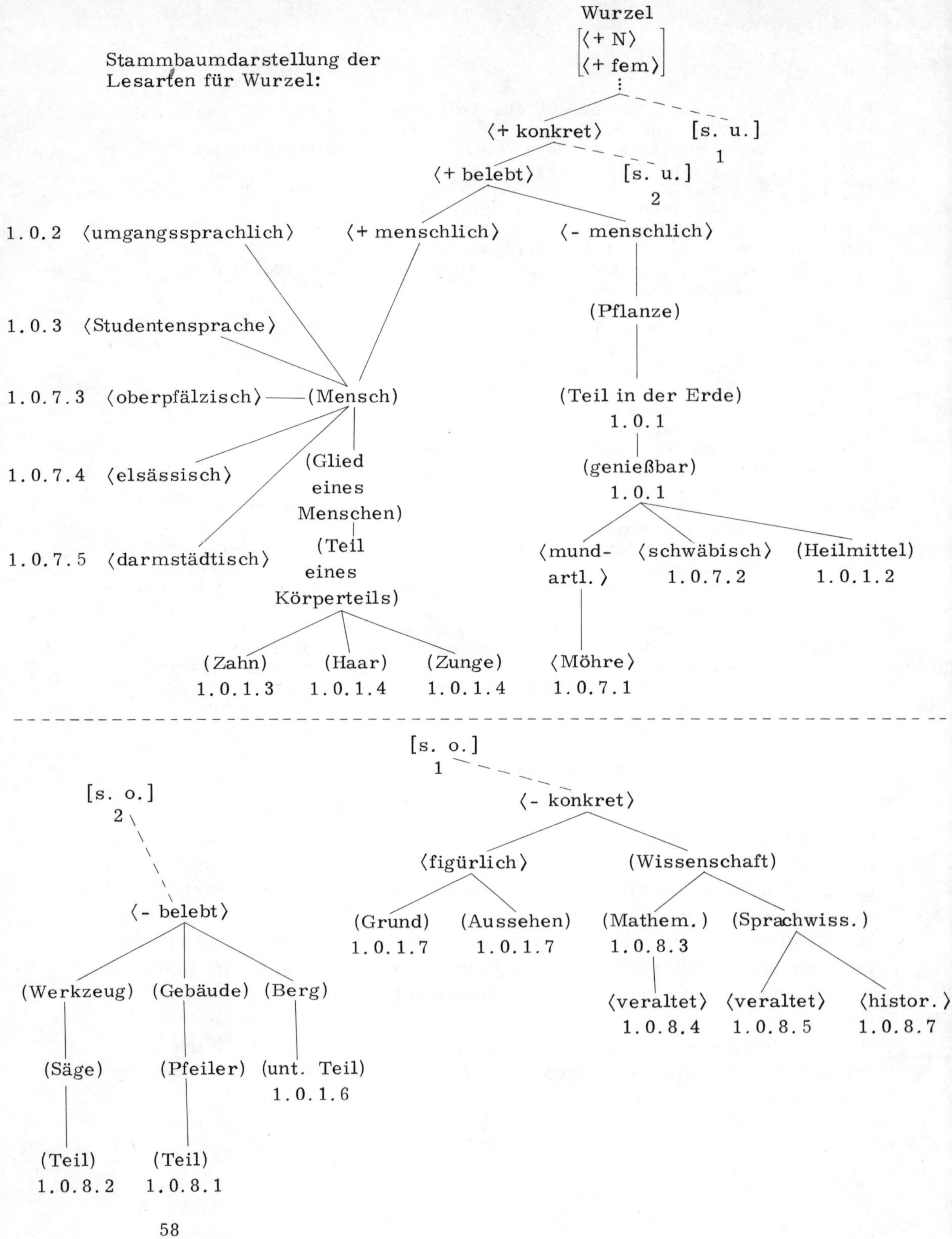

5.3 Eine solche universalhistorische Dokumentation dessen, was ein Wort jemals in den verschiedenen deutschen Sprachepochen und Sprachlandschaften bedeutet hat, verliert die Funktion des Wortes als potentiellen Teil eines konkreten Kommunikationsvorgangs aus dem Auge. Eine Beschäftigung mit Semantik, die sich eine Beschreibung der Sprachkompetenz im Rahmen einer umfassenden Sprachtheorie zum Ziel setzt, muß auch von der Sprecher/Hörer-Strategie ausgehen und streng synchron arbeiten. Mit einer künstlichen Gesamtbedeutung ist niemandem gedient; die Lesarten unter 1.0.7.2. bis 1.0.7.5. schließen einander aus; sie gehören nicht zum Deutsch des kompetenten Sprechers.

Eine theoretisch und methodisch haltbare und auch praktisch durchführbare Bedeutungsanalyse setzt also zunächst eine Sichtung des lexikographisch angebotenen Materials voraus.

Den zentralen Geltungsbereich eines Wortes wie Wurzel erfassen wir durch Ausgrenzung der Varianten, die nur Teilgeltung haben:

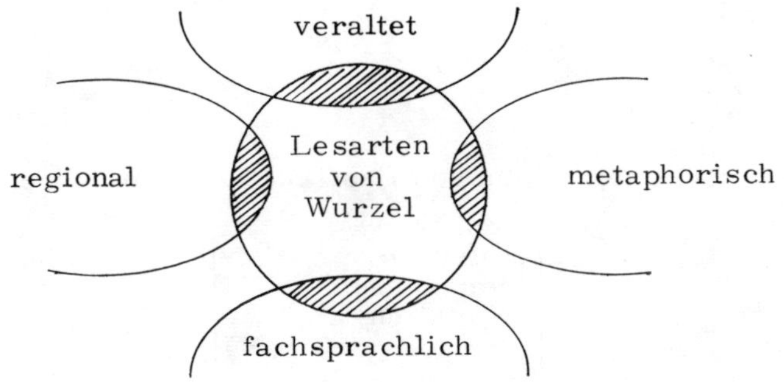

Eine Ausgrenzung von Lesarten mit solcher Charakteristik filtert die Bedeutungen heraus, die für die Synchronie wichtig sind und schaltet Bedeutungsvarianten von regionaler Geltung aus. Auch der fachsprachliche Gebrauch gehört nicht zum unmittelbaren Sprachwissen jedes kompetenten Sprechers, ebensowenig wie der metaphorische Gebrauch, den die Dichtung von der Sprache macht.

An der Menge des Materials, das auf diese Weise zunächst beiseitegeräumt wird, läßt sich auch die lexikalische Hypertrophie des Deutschen als einer europäischen Kultursprache ablesen. Durch die Tradierung von Literatur und kulturellen Gepflogenheiten, durch ein kulturelles Vorurteil, das dem von der Norm abweichenden poetischen Sprachgebrauch in der Schulbildung besondere Beachtung schenkt, durch die starke Position der Dialekte im Deutschen, entsteht in manchen Bereichen des Wortschatzes ein Überangebot an Wortformen, die nur konnotative Varianten eines Merkmalkomplexes vertreten.

Vergleicht man Minimalpaare von Wörtern wie

Ziegelstein	Zimmer	Ehefrau	Mund	Zahnarzt
Backstein	Gemach	Gemahlin	Fresse	Dentist

so kann man, etwa am Beispiel Ziegelstein/Backstein, feststellen, daß die Merkmalbeschreibung der Wörter gleich ist; der Unterschied zwischen beiden Wörtern liegt in ihrer regionalen Verbreitung. Ein ähnliches Beispiel ist Füllen/Fohlen:

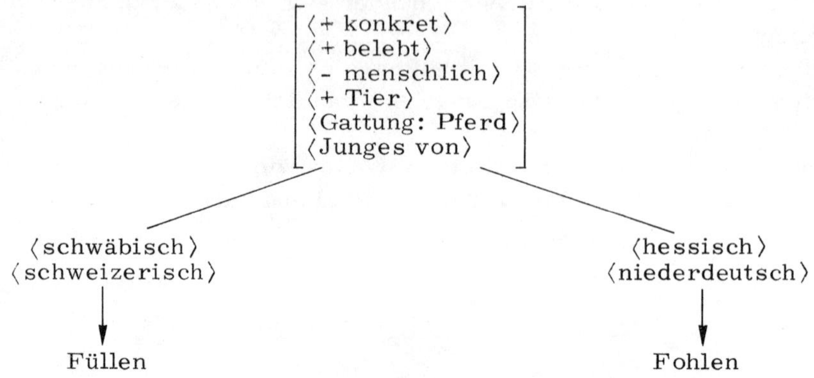

Oder nehmen wir den Unterschied von Ehefrau/Gemahlin:

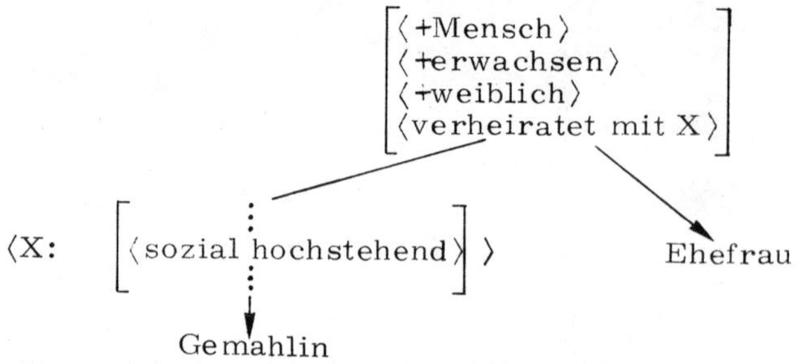

Ein Ausdruck wie die Gemahlin des Landstreichers ist ungewöhnlich, aber verständlich, ebenso wie die Ausdrucksweise die Frau des Herzogs von Bedford nicht semantisch abweichend ist, sondern lediglich gegen gesellschaftliche Konventionen verstößt; die Merkmalnotation ⟨X : ⟨sozial hochstehend⟩⟩ ist aber nicht einfach kategorial zu interpretieren, sondern sagt aus, daß X vom Sprecher als sozial hochstehend eingeschätzt wird; ein solches Verhalten charakterisiert den Sprecher als 'höflich'.

Wir stoßen hier auf eine Klasse von Merkmalen, die zur Informationsmenge des Merkmalbündels noch Informationen über besondere Anwendungsbedingungen geben. Sie charakterisieren zusätzlich den Sprecher: Ein Sprecher, der Rauchfang statt Schornstein verwendet, gibt damit, neben der Information, die das Wort enthält, einen Hinweis auf seine Herkunft; oder auf seine

Zugehörigkeit zur Bildungsschicht (Opus statt Werk), oder seine Einstellung zu etwas oder jemandem (Fresse statt Mund). Es scheint, als ob man diesen Merkmalen einen besonderen Status zuerkennen müsse; ihre Wirksamkeit wird von übergeordneten, für ganze Textabschnitte geltenden Bedingungen geregelt (z. B. vulgäre Sprechweise, höfliche, gebildete, archaische Sprechweise). Aus dem Lexikon werden, wenn die Stillage spezifiziert ist, Wörter ausgewählt, die neben dem normalsprachlichen Merkmalbündel stilistische Merkmale der obigen Art aufweisen.

5.4 Nach der Abspaltung derjenigen Lesarten, die wir als stilistische Varianten mit speziellen Anwendungsbedingungen bezeichnen, erhalten wir als Zentralbedeutung von Wurzel etwa folgendes Merkmalbündel:

⟨Teil von ⟨Pflanze⟩⟩
⟨unterer Teil⟩
⟨Funktion: Verankerung⟩
⟨Funktion: Nährstoffaufnahme⟩

Wurzel ist ein relationales Wort und am besten mit der ⟨Teil von⟩-Relation zu erfassen. Das Merkmal ⟨Teil von X⟩ verweist die genaue Merkmalbeschreibung an X; für die semantische Beschreibung von Wurzel ist aber zu spezifizieren, welche Klassen von Wörtern für X in Frage kommen.
Für X kann gelten: ein Wort mit dem Merkmal ⟨Pflanze⟩; so ist dann in der Beschreibung der ⟨ Teil-von⟩- Hierarchie zu Pflanze festgelegt, welcher Teil von Pflanze die Wurzel ist (vgl. 2.25):

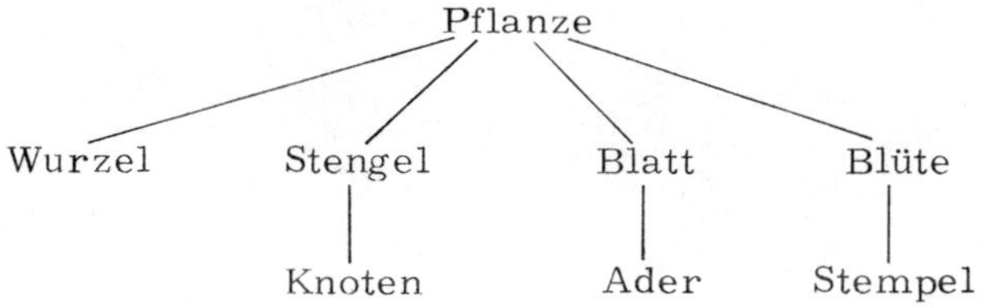

Die Angabe ⟨in der Erde befindlich⟩ ist vom Kontext abhängig und bestimmt Wurzel nicht; der untere, charakteristisch geformte Teil einer Pflanze heißt auch Wurzel, wenn diese sich nicht in der Erde befindet. Als nähere Charakterisierung kann noch hinzutreten ⟨Funktion : Verhaftung mit der Unterlage⟩ und ⟨Funktion : Nährstoffaufnahme⟩; die Merkmale ⟨genießbar⟩ oder ⟨Heilmittel⟩ sind erst kontextual über X einzuführen.

5.41 Wörter mit dem Merkmal ⟨Teil des menschlichen Körpers⟩ sind in spezifischer Auswahl: Haar, Zunge, Zahn, Nagel.
Bei diesem Gebrauch von Wurzel wird der begrenzte Kreis von X erweitert und die von X abhängigen Struktureigenschaften von Wurzel ausgebeutet. Wird für X ein Abstraktum, z. B. Übel, eingesetzt, wie in die Wurzel allen Übels, so treten die funktionalen Merkmale hervor: ⟨Ansatzstelle⟩, ⟨Wachstumszentrum⟩, wie ähnlich auch beim figürlichen Gebrauch von Quelle, Kern, Stamm, usw. Eine formale Lösungsmöglichkeit des Problems "Metaphorik" oder "übertragener Gebrauch" deutet sich hier an.

Die Verschiebungen innerhalb der Klasse der N-Formative, die für X im Laufe der Sprachgeschichte in Frage kommen, zu untersuchen, ist Aufgabe der historischen Sprachwissenschaft. Die Veränderungen sind formal darzustellen als Neuansatz und Schwund von Stammbaumzweigen, wenn man an der Unterordnung aller Lesarten unter eine Phonemkette festhalten will.
Für die Fragestellung der diachronen Semantik, welche Phonemketten an der Oberfläche (= Wörter) welche Bedeutungen vertreten und wie es zu dieser Verknüpfung von Phonemkette und Merkmalbündel gekommen ist, liefert eine strukturale Merkmalbeschreibung die Grundlage (Benennungsmotivation).

5.42 Wurzel als sprachwissenschaftlicher Terminus ist benennungsmotivisch erklärbar aus der verbreiteten Organismusmetaphorik einer bestimmten Wissenschaftsepoche; ein sprachwissenschaftliches Konstrukt als Wurzel zu bezeichnen, war durch eine Vergleichsbeziehung ⟨Teil von ⟨Pflanze⟩⟩ → ⟨Teil von ⟨Wort⟩⟩, wobei die Relationen von Wurzel zu Pflanze entsprechend für Wortbestandteil zu Wort gelten sollten; Grundlage für die Erweiterung des Anwendungsbereiches des Wortes Wurzel ist die ⟨Teil von⟩-Relation. Für eine synchrone Bedeutungsanalyse spielt diese Vergleichsrelation keine Rolle mehr. Wurzel steht hier in ⟨Teil von⟩- Relation zu Wort und ist durch ein andersartiges Gefüge definiert

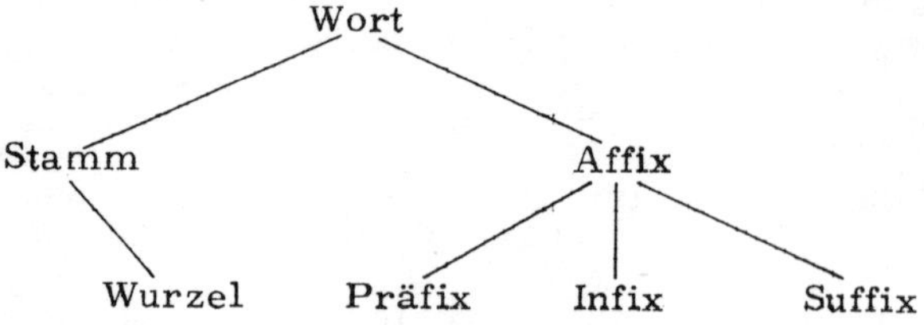

Durch dieses Bezugsgefüge ist die Bedeutung festgelegt; wie es sprachgeschichtlich dazu kommt, daß man sich auf diese Position im Gefüge mit der Phonemkette Wurzel bezieht, ist ein Problem der Diachronie und berührt die synchrone Strukturanalyse einer Bedeutung nicht.

Aufgaben

(1) Stellen Sie aus dem Wörterbuchartikel Glas im Grimmschen Wörterbuch einen Stammbaum auf.

(2) Ordnen Sie das Bedeutungsfeld 'Personenbezeichnungen' nach den stilistischen Variantenmerkmalen ⟨höflich⟩ und ⟨vulgär⟩, z. B. ausgehend von stilistischen Minimalpaaren wie:
In diesem Haus wohnt ein alter Mann.
In diesem Haus wohnt ein betagter Herr.

(3) Geben Sie die Unterschiede an zwischen:
Junge - Knabe - Bub

6 WEITERE MÖGLICHKEITEN EINER EINENGUNG DES FÜR EINE SEMANTISCHE UNTERSUCHUNG RELEVANTEN WORTSCHATZES

Im vorigen Kapitel ist gezeigt worden, daß es sinnvoll sei, Vorüberlegungen darüber anzustellen, welchen Ausschnitt aus dem Gesamtwortschatz der Oberfläche man vorzugsweise einer semantischen Untersuchung unterziehen solle. Nach dem Abräumen der stilistischen Varianten, worunter Wörter zu verstehen sind, deren Unterschied zu anderen Wörtern durch die Merkmale ⟨regional⟩, ⟨höflich⟩, ⟨veraltet⟩, ⟨poetisch⟩, usw. charakterisiert werden kann, wenden wir uns wieder dem Kernwortschatz zu. Wir wollen hier noch zwei Verfahren anführen, mit deren Hilfe man den für eine semantische Merkmalanalyse vorrangigen Wortschatz einer Sprache eruieren könnte. (Adaptiert aus: J. Wheatley, Language and Rules.)

6.1 Das Verfahren der verbalen Definition

Es gibt innerhalb der Sprache die Möglichkeit, die Bedeutung eines Wortes durch andere Wörter zu umschreiben.
Nehmen wir ein einfaches Beispiel:
Auf die Frage

Was ist ein Rappe?

könnte die Antwort lauten:

Ein Rappe ist ein schwarzes Pferd.

Es ist also möglich, die semantische Beschreibung von <u>Rappe</u> auf eine Beschreibung von <u>schwarz</u> und <u>Pferd</u> weiterzuverweisen.
Weitere Beispiele sind:

a) Meine Mutter haßt das Kochen
Meine Mutter kocht nicht gern

Meine Mutter liebt das Kochen
Meine Mutter kocht gern

b) Der Haferschleim bekommt dem Säugling
Der Haferschleim tut dem Säugling gut

Der Haferschleim schadet dem Säugling
Der Haferschleim tut dem Säugling nicht gut

Hassen und lieben stehen in einer Äquivalenzbeziehung zu 'etwas nicht gern haben (tun)' und 'etwas gern haben (tun)', und diese Wendungen können als verbale Definitionen von hassen und lieben gelten, ähnlich wie 'jemandem nicht gut tun' für 'jemandem schaden'.

An solche Beobachtungen kann man folgende theoretische Überlegungen anschließen: Angenommen wir haben eine vollständige Liste aller Wörter des Deutschen, die unter anderem diesen Ausschnitt enthält:

W_n	:	...
W_{n+1}	:	Rappe
W_{n+2}	:	Schimmel
W_{n+3}	:	Pferd
W_{n+4}	:	schwarz
W_{n+5}	:	weiß
W_{n+6}	:	...

so könnte mit Hilfe der verbalen Definition die Liste verkürzt werden; ein Wort, das verbal definiert ist, wird zur Definition anderer Wörter nicht mehr verwendet; auf diese Weise werden Zirkeldefinitionen vermieden, wie sie sonst in Wörterbüchern häufig vorkommen.

W_n	:	...
W_{n+1}	:	(Rappe) = 'schwarzes Pferd'
W_{n+2}	:	(Schimmel) = 'weißes Pferd'
W_{n+3}	:	Pferd
W_{n+4}	:	schwarz
W_{n+5}	:	weiß
W_{n+6}	:	...

Wir erhalten aus der Gesamtliste des Wortschatzes eine neue Liste, die alle Wörter enthält, die verbal nicht mehr weiter definierbar sind. Die Grenze der Definierbarkeit ist bei den Farbadjektiven sehr früh erreicht; Wörter wie schwarz, rot, blau sind in einem für die Semantik interessanten Sinn verbal nicht weiter zu umschreiben (Das Kriterium der Wellenlänge ist für eine physikalische Definition von Nutzen, hat sich aber auf den allgemeinen Sprachgebrauch nicht ausgewirkt). Wir sagen: Mit diesen Wörtern haben wir die ostensive Stufe erreicht, d.h. zur Erklärung dessen, was schwarz oder rot ist, ist die Anschauung der äußeren objektiven Wirklichkeit erforderlich. Pferd auf der anderen Seite ist nur mit einem großen Aufwand an Wörtern verbal weiter definierbar; aus Ökonomieerwägungen wird man auf die weitere verbale Definition von Pferd zunächst verzichten. Die Klasse der zur verbalen Definition herangezogenen Wörter hat also Grenzen, die sich aus der sukzessiven Eliminierung von Wörtern ergeben; sie kann nicht gegen Null gehen, weil sonst keine Wörter mehr da wären, die das letzte Wort definieren würden. Eine konsequente Durchführung dieses Verfahrens könnte interessante Fragen folgender Art einer Lösung näherbringen:

1. Wie sind verbale Definitionen zu formulieren, so daß sich ein möglichst ökonomischer Kernwortschatz herausschält?
2. Welchen Umfang und welche Zusammensetzung hat dieser Kernwortschatz?
3. Welche Methoden müssen angewendet werden, um zu einer semantischen Beschreibung dieses Kernwortschatzes zu gelangen?

Wir haben die Merkmalanalyse als eine der möglichen Methoden kennengelernt, diesen Kernwortschatz weiter zu analysieren.

Aufgabe

(1) Geben Sie verbale Definitionen für die Wörter des Satzes
Die Blondine sättigte den Greis
und stellen Sie die Grenze der Definierbarkeit fest.

6.2 Wortbildung als Transformationsvorgang

Theoretisch müßte für jedes einzelne Wort, das in einer Sprache vorkommt und mit Hilfe des Substitutionsrahmenverfahrens erfaßbar ist (Glinz, Helbig), eine spezielle Merkmalbeschreibung geliefert werden und ein Merkmalkomplex aufgestellt werden, z. B. in den Sätzen

Das Messer rostet
Das Messer ist rostig
Am Messer ist Rost

für das Verb rostet, das Adjektiv rostig und das Substantiv Rost. Der gemeinsame Bestandteil dieser Wörter, rost-, deutet aber darauf hin, daß Abhängigkeitsbeziehungen zwischen den Wörtern bestehen. Diese Zusammenhänge zu beschreiben und zu formulieren ist Aufgabe der Wortbildungslehre. Wir wollen an einem Beispiel aus jeder der Wortarten Substantiv, Verb und Adjektiv zeigen, daß ein großer Teil der Wörter der Oberfläche Ergebnisse von Transformationen sind oder daß zum mindesten Regeln angegeben werden können, die diese Wörter als regelgesteuerte Kombinationen von Morphemen beschreiben.

6.21 Substantiv

Bei der Aufstellung der generellen semantischen Merkmale ergab sich eine Klasse von Wörtern mit dem Merkmal ⟨- konkret⟩. Die umfangreichste Gruppe innerhalb dieser Klasse sind die Abstrakta. Man könnte für sie Kriterien einer weiteren Unterteilung finden, z. B.

Griff	Hoffnung
⟨- konkret⟩ ⟨+ Tätigkeit⟩	⟨- konkret⟩ ⟨+ Geisteshaltung⟩

Eine solche Beschreibung erübrigt sich aber, wenn man erkennt, daß diese N-Formative transformationell aus V-Formativen erklärt werden können: Sie sind Ergebnisse einer Nominalisierungstransformation:

(1) Der Griff nach der Pistole rettete Peter.
⇐ Peter griff nach der Pistole. Das rettete ihn.

(2) Ihre Hoffnung auf einen Lottogewinn wurde enttäuscht.
⇐ Sie hofften auf einen Lottogewinn. Darin wurden sie enttäuscht.

(3) Die Konzentration des Kapitals schreitet voran.
⇐ Das Kapital konzentriert sich. Diese Entwicklung schreitet voran.

(4) Dieser Gedanke begeisterte ihn.
⇐ Er dachte an etwas. Dasjenige begeisterte ihn.

(5) Ingeborg erzählte von ihren Erlebnissen in Schweden.
⇐ Ingeborg hat in Schweden verschiedenes erlebt. Davon erzählte sie.

Bei der semantischen Beschreibung der Wörter, die man als ⟨- konkret⟩ charakterisieren kann, empfiehlt es sich also, erst festzustellen, ob sie im Rahmen eines Satzes nicht eventuell auf einer Nominalisierungstransformation von Verbalphrasen zugrundeliegender Sätze beruhen. Die Aufgabe der Beschreibung dieser N-Formative verlagert sich dann auf die Beschreibung der zugrundeliegenden V-Formative. Der Lexikonanteil der N-Formative wird auf diese Weise stark verringert, zumindest was die Lesartenbeschreibung angeht, ohne daß der Lexikonanteil der V-Formative beschwert würde, denn die zugrundeliegenden V-Formative müssen auf jeden Fall im Lexikon beschrieben sein. Wohlgemerkt, es handelt sich nur um eine Entrümpelung der Klasse von N-Formativen mit dem Merkmal ⟨- konkret⟩, nicht um die Auflösung dieser Klasse.
In den beiden Sätzen

(1) Der Griff nach der Pistole kam zu spät.
(2) Der Griff an der Pistole war zu groß.

muß das Wort *Griff* verschieden interpretiert werden: in Satz (1) als ⟨- konkret⟩, entstanden aus einer Nominalisierungstransformation aus dem V-Formativ *greifen*; in Satz (2) als ⟨+ konkret⟩, das in eine Gruppe mit *Hebel*, *Klinke*, *Knüppel*, *Knopf*, *Schalter*, etc. gehört. Auf diese Weise lassen sich auch viele andere homonyme Wörter ausdifferenzieren, z.B. *Zug*, *Sprung*, *Riß*, *Stand*, *Lauf*.
Grundsätzlich kann man sagen, daß es sich hier um den Versuch handelt, das, was in der Oberfläche zwar als N-Formativ auftaucht, aber aufgrund von Transformationen auf andere Formative der Tiefenstruktur zurückgeführt werden kann, von anderen N-Formativen zu unterscheiden, so daß sich das für die Beschreibung des Lexikonanteils der Basis notwendige

Formativinventar verringert. Andere N-Formative mit dem Merkmal ⟨- konkret⟩ können auf ähnliche Weise als Nominalisierungsprodukte behandelt werden. Wörter wie Treue, Schönheit, Güte, Größe, Bräune gehen zurück auf Nominalisierungstransformationen von prädikativen Adjektiven:

(1) Die Treue des Hundes rührte den Förster.
⇐ Daß der Hund (so) treu war, rührte den Förster.

(2) Sie fiel durch ihre Schönheit auf.
⇐ Sie war schön. Dadurch fiel sie auf.

(3) Wegen der Güte ihrer Produkte erhielt die Firma mehrere Preise.
⇐ Die Produkte der Firma waren gut. Deswegen erhielt sie mehrere Preise.

(4) Napoleons Größe war schon zu seinen Lebzeiten unbestritten.
⇐ Napoleon war groß. Das war schon zu seinen Lebzeiten unbestritten.

(5) Erst mit Hilfe der Höhensonne erreichte sie die gewünschte Bräune.
⇐ Sie wünschte (besonders) braun zu werden. Das erreichte sie erst mit Hilfe der Höhensonne.

Da es auch Beziehungen gibt wie

seine Gier	-	er ist gierig
seine Gnade	-	er ist gnädig

wo, morphologisch gesehen, Derivation vom Substantiv vorliegt, stellt sich die Frage, ob es in manchen Fällen nicht notwendig sei, die semantische Beschreibung am Substantiv vorzunehmen und das Adjektiv transformationell zu beschreiben. Fürs erste aber kann man an dem Grundsatz festhalten, daß dort, wo derartige Beziehungen zwischen den Formativen bestehen, die Transformationen auf Verben und Adjektive hin aufgelöst werden. Es müssen erst noch genauere Kriterien gefunden werden, um endgültig zu entscheiden, welchen der Lexikonteile (den der N-Formative oder den der V-Formative und A-Formative) man mit der Merkmalbeschreibung belasten soll, d.h. welchen Lexikonteil man als Grundwortschatz ansieht, dessen semantische Beschreibung am zweckmäßigsten durchzuführen ist.
Es bleibt aber trotz der Rücktransformation eine Menge von ⟨- konkret⟩-Formativen übrig, wie z.B. Ehre, Recht, die nicht in ein gängiges Derivationsschema passen und die daher einer gesonderten Beschreibung bedürfen; auch Fälle wie

Sie ist eine Schönheit

fallen wegen des Fehlens von geläufigen Parallelen

*Er ist eine Tapferkeit

in diese Gruppe.

Wir halten fest: Zur Sichtung des lexikalischen Materials einer Sprache, die semantisch beschrieben werden soll, ist die Kenntnis syntaktischer Analyse- und Beschreibungsverfahren erforderlich, wozu auch das Erkennen von Wortbildungstransformationen gehört.

6.22 Verben

Aus der Fülle der verbalen Ableitungsmuster greifen wir die Verben der Zustandsveränderung heraus, also Fälle wie

(1) Der Apfel fault.
$\Leftarrow$ Der Apfel wird faul.

(2) Das Handtuch trocknet auf der Leine.
$\Leftarrow$ Das Handtuch wird trocken auf der Leine.

(3) Das Proletariat verarmt.
$\Leftarrow$ Das Proletariat wird arm.

(4) Der Student ermüdet schnell.
$\Leftarrow$ Der Student wird schnell müde.

Die Verben dieser Sätze lassen sich auflösen in die Bestandteile $\underline{\text{A wird X}^{adj}}$, wobei A ein N-Formativ ist und X^{adj} ein A-Formativ (Adaptiert aus: Peter von Polenz, Ableitungsstrukturen deutscher Verben).

Die kausative Parallele sind die sog. faktitiven Verben:

(1) Der Koch reinigt die Töpfe.
$\Leftarrow$ Der Koch macht die Töpfe rein.

(2) Der Staat bereichert sich durch Steuererhöhungen.
$\Leftarrow$ Der Staat macht sich reicher durch Steuererhöhungen.

(3) Der Bandit schwärzt sein Gesicht.
$\Leftarrow$ Der Bandit macht sein Gesicht schwarz.

Diese Verben haben die Grundstruktur

A^n macht B X^{adj}

Die semantische Beschreibung dieser Verben kann an bestimmte A-Formative im Lexikon weiterverwiesen werden. Dabei gliedern sich die Bedeutungskomponenten von werden (⟨Veränderung⟩) und machen (⟨Bewirken⟩) aus.

6.23 Adjektive

Die geläufigsten Adjektiv-Ableitungen sind die -bar, -lich, -haft, -sam und -ig-Ableitungen. Adjektive vom Typ

Der Bindfaden ist unzerreißbar

können zurückgeführt werden auf die syntaktische Basis

Der Bindfaden kann nicht zerrissen werden

Die Adjektive auf -bar stehen in Konkurrenz mit den Adjektiven auf -lich, die in ähnlicher Weise umzusetzen sind:

(1) Die Äpfel sind unverdaulich.
⇐ Die Äpfel können nicht verdaut werden.

(2) Die Äpfel sind ungenießbar.
⇐ Die Äpfel können nicht genossen werden.

Diese Transformationen haben die Funktion, passivische Aussagen in eine Form umzusetzen, daß der Einbau in den Satztyp A^n ist B^{adj} möglich wird, und daß von dieser Basis aus die auf der Oberfläche entstehenden Adjektive in die attributive Position gebracht werden können:

die unverdaulichen Äpfel
die ungenießbaren Äpfel

Wir wollen hier nicht auf die Bedeutungen der einzelnen Suffixe eingehen, aber das Problem an dem Beispiel einiger -ig - Ableitungen aufzeigen (Adaptiert aus: Wolfgang Motsch, Zur Stellung der 'Wortbildung' in einem formalen Sprachmodell).
Für die Adjektive schmalhüftig, teigig und schwerhörig gelten folgende Transformationsbeziehungen:

(1) Der Mann ist schmalhüftig	⇐	Der Mann hat schmale Hüften
(2) Die Masse ist teigig	⇐	Die Masse ist wie Teig
(3) Die Frau ist schwerhörig	⇐	Die Frau hört schwer

Wir könnten nun angesichts dieser Analyse sagen, jeder der zugrundeliegenden Beziehungen entspreche einer Lesart von -ig, und die Mehrdeutigkeit von -ig könne durch Zuordnung je eines bestimmten Transformationszusammenhangs aufgelöst werden. Doch ist die umgekehrte Formulierung ebenso einleuchtend: Bestimmte Transformationen, die zum Oberflächenwort (Adjektiv) führen, bedingen die Einführung des Derivationsmorphems -ig; das Suffix selber hat keine eigene Bedeutung.
Auch innerhalb des Adjektiv-Wortschatzes ist es also möglich, einen Teil der Oberflächenwörter als Ergebnisse von Transformationen zu kennzeichnen und so den Kreis der A-Formative, die im Lexikon eine Merkmalbeschreibung erhalten sollen, einzuschränken. Es muß natürlich bei der Feststellung des Grund-Formativ-Schatzes darauf geachtet werden, daß Zirkelableitungen vermieden werden.
Wir stellen die möglichen Einsparungen, die durch Berücksichtigung der Wortbildungszusammenhänge am Formativ-Lexikon der Basis möglich sind, im Stammbaum dar an Hand des Satzes:

Die Röte des Weins erfreut den Zecher

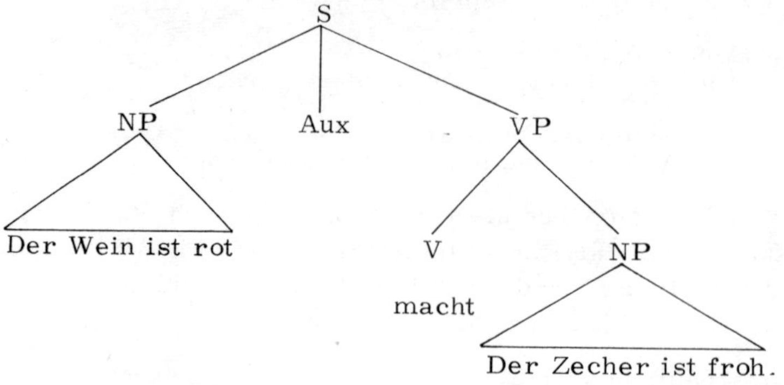

Schon am Beispiel der -ig - Ableitungen wurde deutlich, daß die Form der Oberfläche keine eindeutigen Hinweise auf die tatsächlichen Transformationsbeziehungen liefert. In der Tat unterliegen die Wortbildungstransformationen verschiedenen Beschränkungen, sowohl im Hinblick auf die morphologischen Veränderungen, wie auch vor allem im Hinblick auf ihre Anwendung. Es muß z.B., wenn man die Einsichten in die Transformationszusammenhänge bei der Beschreibung des Lexikons berücksichtigt, sichergestellt sein, daß bei Anwendung der Transformation die korrekten Formen auf der Oberfläche erscheinen:

er springt - sein Sprung

Im Lexikon könnte dies zur grammatischen Information hinzugefügt werden:

springen

$$\begin{bmatrix} \langle + \quad V \rangle \\ \langle + \_\_ \# \rangle \\ \langle \text{nom: Sprung} \rangle \end{bmatrix}$$

das heißt: bei der Nominalisierungstransformation wird das Verb überführt in die Form Sprung. Entsprechend wäre heiß - Hitze und stehlen - Dieb zu behandeln, aber gegenüber den morphologisch motivierten Beispielen kalt - Kälte und saufen - Säufer taucht hier das Problem auf, ob der Zusammenhang von stehlen und Dieb noch nach dem Muster von Wortbildungstransformationen dargestellt werden könne. Schwierig zu lösen ist auch das Problem der unterschiedlichen Produktivität der einzelnen Derivationsmuster; d.h. die Wortbildungstransformationen unterliegen Systembeschränkungen, deren Ursachen noch nicht genügend erforscht sind. Für unseren Zusammenhang genügt es darauf hinzuweisen, daß Wortbildungsuntersuchungen Kriterien für die Feststellung eines semantisch interessanten Kernwortschatzes liefern können.

Aufgaben

(1) Trennen Sie bei den Lesarten für Gang die transformationell bedingten von den Lexikon-Lesarten.

(2) Erklären Sie die Unterschiede in der Ableitung der Substantive in den Sätzen
(1) Dieser Mann ist der Sieger
(2) Dieser Mann ist ein Trinker

(3) Formalisieren Sie den Transformationszusammenhang zwischen
(1) Er gießt Wasser auf die Blumen
(2) Er begießt die Blumen mit Wasser

(4) Erklären Sie die Unterschiede in der Ableitung der Verben in den Sätzen
(1) Der Polizist beschämt den Kraftfahrer
(2) Der Polizist kränkt den Kraftfahrer

(5) Treffen Sie bei folgender Adjektiv-Gruppe die Unterscheidung zwischen zerlegbaren und nicht zerlegbaren Adjektiven: reichlich, heftig, fruchtbar, stürmisch, ungläubig, unwahrscheinlich, zerlegbar, jungenhaft
und geben Sie die Derivationsbasis der zerlegbaren an.

6.3 Die generative Semantik

An dieser Stelle setzt die Theorie der generativen Semantik ein: Dem Erzeugungsmechanismus nach sei zwischen Säufer und Dieb kein Unterschied; nur auf der Oberfläche bestehe zwischen der verbalen Basis und der Agens-Ableitung (saufen - Säufer) eine morphologische Brücke, die zwischen stehlen und Dieb fehle. Die generative Semantik beschäftigt sich mit der semantischen Interpretation von Wortbildungsvorgängen, ohne sich allerdings, wie es bei der herkömmlichen Wortbildungslehre der Fall ist, den Untersuchungsbereich von den Zufälligkeiten der morphologischen Oberfläche einengen zu lassen.
Die generative Semantik zielt darauf ab, das Lexikon systematisch aus kleineren Einheiten mit Hilfe generativer Regeln zu erzeugen. Das bedeutet, daß man darauf verzichtet, bestimmten Lexikoneinheiten (Formativen) eine Lexikonbeschreibung zuzuordnen, welche diese dann in die Basiskette mit einbringen, sondern ihre Lexikonbeschreibung ist aufgelöst in einen Erzeugungsvorgang aus prälexikalischen Einheiten, die man mit unseren semantischen Merkmalen vergleichen kann.

6.31 Das Standardbeispiel, an dem man die Erzeugung von Lexikoneinheiten aus den prälexikalischen Einheiten am besten demonstrieren kann, ist

Hans tötet die Fliege

(Adaptiert aus: Werner Abraham und Robert I. Binnick, Syntax oder Semantik als erzeugende Komponenten eines Grammatikmodells?)

Nach der uns geläufigen Methode wäre dieser Satz so zu behandeln:

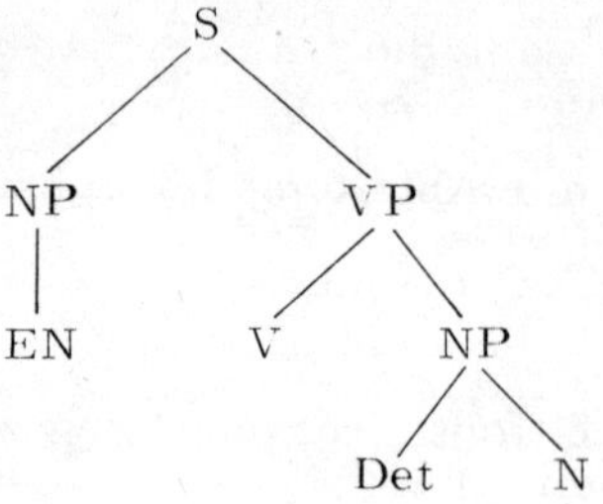

mit der Basiskette: EN⁀V⁀Det⁀N
und den Lexikoneinheiten: Peter töt(et) (die) Fliege
denen Merkmalkomplexe zugeordnet sind.
Nach der hier zu erörternden neuesten Methode läßt sich der Satz zunächst darstellen als Satzrahmen

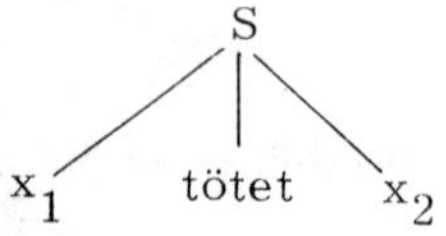

Wir konzentrieren uns auf die semantische Analyse des Verbs und lösen töten auf in die Komponenten

X_1 bewirkt, daß X_2 stirbt

sterben kann weiter zerlegt werden in tot werden
tot schließlich kann analysiert werden als nicht lebendig
Man kann diese Strukturverhältnisse mit dem Stammbaumschema so darstellen:

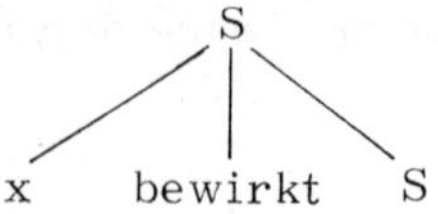

wobei S den Satz: daß x_2 tot wird symbolisiert.
Wir erhalten, wenn wir alle Analyseeinheiten einbauen, folgendes Schema:

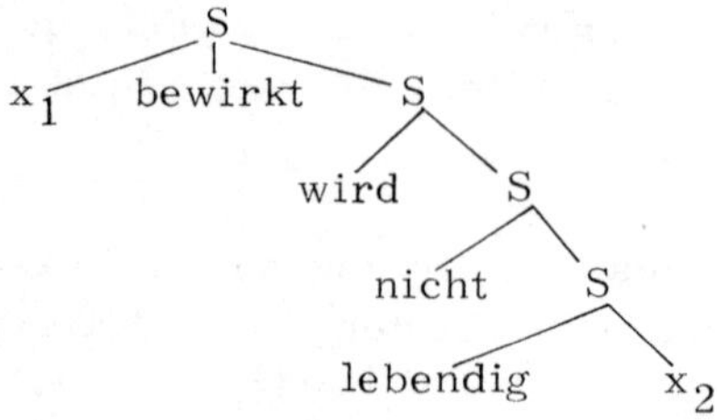

Bevor also die Lexikoneinheit töten in die Basiskette eingeführt werden kann, werden die semantischen Einheiten (⟨bewirkt⟩, ⟨wird⟩, ⟨nicht⟩, ⟨lebendig⟩) durch prälexikalische Transformationen miteinander verbunden. Diese Art von Transformationen kann man sich als "Anheben" von Prädikatsstufe zu Prädikatsstufe vorstellen, z.B.

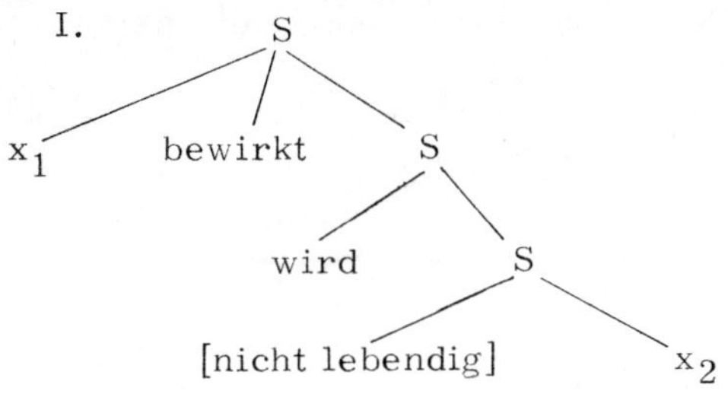

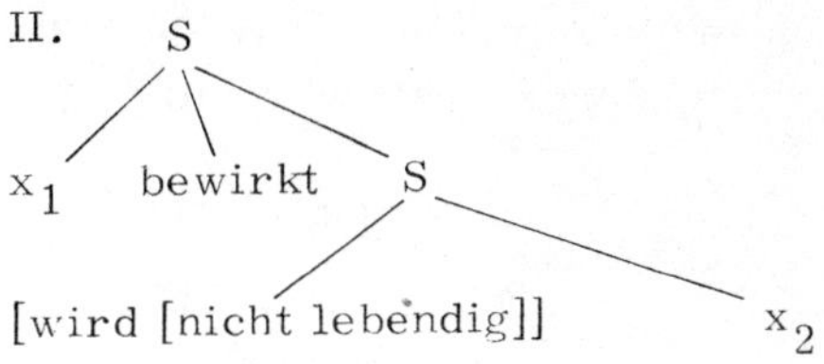

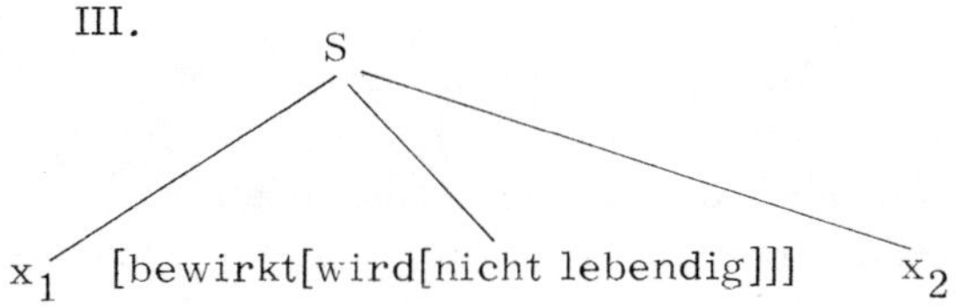

Dieser hier in eckige Klammern gefaßte Komplex erst ergibt die Lexikoneinheit töten und stellt gleichzeitig ihre semantische Struktur dar.
Wir sehen also, daß die semantische Struktur eines Wortes wie töten auf ähnliche Weise darstellbar ist wie die syntaktische Struktur der Basiskette. Die Endknoten der Basisstruktur werden von syntaktischen Kategorialsymbolen gebildet, die durch Formative aus dem Lexikon ersetzt werden, während die Endknoten des prälexikalischen Stammbaums von semantischen Einheiten gebildet werden. Theoretisch könnte man nun alle Verben, die das semantische Element 'bewirken' enthalten, auf diese Weise analysieren.

[bewirken [werden schwanger]] ⇒ schwängern
[bewirken] [werden trocken]] ⇒ trocknen

Ein Teil dieser Verben hat eine zusätzliche Komperativ-Komponente:

[bewirken [werden [mehr groß]]] ⇒ vergrößern
[bewirken [werden [mehr leicht]]] ⇒ erleichtern

Eine Untersuchung, die in dieses Schema alle Adjektive des Deutschen einführt, kann z.B. die Lücken im einzelsprachlichen Wortschatz aufdecken und auf Besonderheiten der Repräsentation dieser Struktur im Lexikon hinweisen:

[bewirken [werden [mehr häßlich]]] ⇒ verunstalten

Da in den Oberflächenstrukturen nur Lexikon-Einheiten auftauchen können, nicht aber semantische Einheiten oder prälexikalische Strukturen von semantischen Einheiten, wirkt das Lexikon als Filter für die prälexikalischen Transformationen. Nicht alle theoretisch möglichen prälexikalischen Strukturen sind als Lexikoneinheit in der Sprache repräsentiert.
Das Lexikon ist, so scheint es, aus diesem Grunde weiterhin notwendig; es dokumentiert z.B. den Überführungsmechanismus von Zustandsstrukturen in Vorgangsstrukturen:

x_1 lebt : x_2 erweckt x_1 (z.B. Jesus erweckt Lazarus).

$$x_1 \underbrace{\text{ist lebendig}}_{\text{leben}} \quad : \quad x_2 \underbrace{\text{bewirkt } (x_1 \text{ ist lebendig})}_{\text{erwecken}}$$

d.h. das Lexikon ist der Speicher der Formen, die tatsächlich als Wörter auf der Oberfläche erscheinen; denn ein wohlgeformter Satz kann nur die konventionellen Wortformen enthalten.

6.32 Auch die Nominalisierungstransformation kann man als prälexikalische Transformation, die zu einer lexikalischen Einheit führt, auffassen. Es ist möglich, die verschiedenen Formen der Nominalisierung auf einen Grundvorgang zurückzuführen. Wir unterscheiden folgende Formen:

(1) Edison ist der Erfinder der Glühbirne
(2) Die Erfindung der Glühbirne durch Edison war eine technische Meisterleistung
(3) Die Erfindung brachte Edison wenig Geld ein

Allen drei Nominalisierungen liegt dasselbe Verb erfinden zugrunde; die Nominalisierung zielt im ersten Fall auf den Handelnden, im zweiten Fall auf die Handlung selbst, im dritten Satz auf das Objekt der Handlung (in diesem Fall auf das Resultat):

(1) Edison erfand die Glühbirne
(2) Edison erfand die Glühbirne
(3) Edison erfand die Glühbirne

NP : x
erfinden ⟨Handelnder⟩ → Erfinder

NP : V
erfinden ⟨Handlung⟩ → Erfindung

NP : y
erfinden ⟨Resultat⟩ → Erfindung

Durch die prälexikalische Transformation wird das Verb in die Nominalphrase "hineingehoben"; die drei Wörter der Oberfläche spiegeln drei prälexikalische Strukturen wider.

Auch hier herrscht kein stereotyper morphologischer Mechanismus vor:

x stiehlt y → x ist ein Dieb (Handelnder)
x stiehlt y → x begeht einen Diebstahl (Handlung)
x stiehlt y → y ist das Diebsgut, die Diebesbeute (Objekt der Handlung)

Aufgaben

(1) Zeigen Sie die drei Aspekte der Nominalisierung auf an dem Satz: Hans leitet die Abteilung

(2) Stellen Sie analog zum Beispiel töten die Entstehung von x_1 betrübt x_2 aus prälexikalischen Einheiten dar.

6.33 Diese verschiedenen theoretischen Auffassungen von der Entstehung der Oberfläche eines Satzes spalten die Schar der Anhänger der transformationellen Sprachtheorie in zwei Lager:
Lexikalisten, die an der Lexikonkomponente der Basis festhalten und in Transformationalisten, die keine kategorialen Basisketten voraussetzen, sondern die Sätze mittels Transformation von den prälexikalischen Einheiten entstehen lassen; anders ausgedrückt: Die Lesarten von Wörtern sind nicht mehr einzelne Bündel von syntaktischen und semantischen Merkmalen, angehängt an eine Phonemkette, sondern eine Beschreibung des Erzeugungsprozesses der Struktur des Merkmalbündels. Der Satzerzeugungsmechanismus ist nach den Transformationalisten so zu beschreiben, daß aus prälexikalischen Einheiten + Transformationen sogleich wohlgeformte Sätze entstehen. Der Streit entzündet sich an der Frage, welchen Status die Formative in einer generativen Theorie haben soll.
Wir versuchen die unterschiedlichen Auffassungen im folgenden Schema darzustellen:

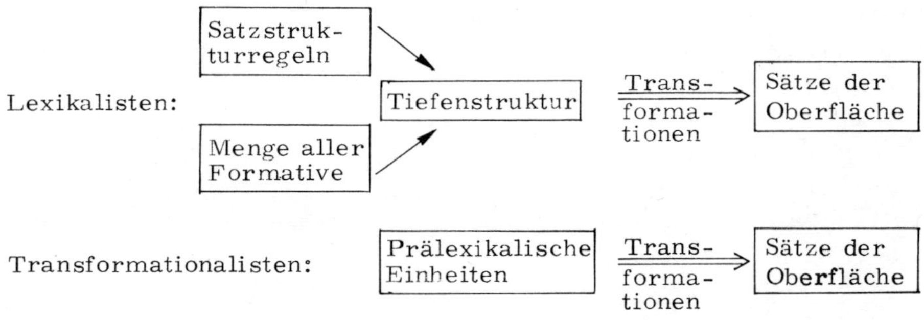

Wir vertreten in diesem Arbeitsheft den Standpunkt der Lexikalisten, weil uns die Einteilung des Entstehungsweges eines Satzes in übersichtliche Etappen mit profilierten Komponenten (Formationsregeln - Basisstruktur - Lexikon - Projektionsregeln - Tiefenstruktur - Transformationen - Oberflächenstruktur) für eine Einführung besser geeignet scheint als eine komplizierte Kette von Transformationen, bei der mit der Entstehung der Wortbedeutungen zugleich eine Beschreibung der Gesamtform und der Gesamtbedeutung eines Satzes geliefert wird. Außerdem gibt es erst wenige Untersuchungen auf diesem Gebiet, so daß zu wenig Material für die didaktische Auswertung auf der Proseminarstufe zur Verfügung steht.

7 SEMANTISCHE BESCHREIBUNG VON V-FORMATIVEN

7.1 Nach diesem Exkurs in die Semantiktheorie und in methodische Probleme wenden wir uns der semantischen Beschreibung von V-Formativen zu.

7.11 Charakterisierung der Verbbedeutung in Abhängigkeit von der nominalen Umgebung.

Wir haben bei der Behandlung der Subkategorisierung der Formativ-Klassen angedeutet, daß eine Untersuchung der semantischen Verträglichkeit zwischen Substantiven und Verben bereits Beschreibungsmöglichkeiten liefert zur Klassifizierung der Verben und zur Aufstellung von Regeln über die Bedingungen der Verwendbarkeit von Verben in semantisch wohlgeformten Sätzen. Die Schwierigkeit dabei ist, daß die Formulierung der Regeln sehr umständlich sein kann, weil etwa wie im Beispiel

Der Arbeiter trinkt Bier
*Der Bagger trinkt Bier

die Substantivklassen sehr umfangreich werden und solche Formanalysen auch bei Querklassifikation darunter leiden, daß Relevanzkriterien für die Zusammenfassung von Klassen zum Zwecke der Generalisierung von statistischen Verteilungsbefunden fehlen.
Z. B. könnte man trinken und holen aufgrund ihrer Verbindbarkeit in dem Satzrahmen

$$\text{Der Arbeiter} \begin{Bmatrix} \text{trinkt} \\ \text{holt} \end{Bmatrix} \text{Bier}$$

zu einer Klasse zusammenfassen, was aber für eine Bedeutungsanalyse nicht viel hergibt.
Durch die Einführung von Merkmalen bei der semantischen Beschreibung der N-Formative eröffnet sich eine Möglichkeit, die Beschreibung für die Verträglichkeitsregeln zu vereinfachen und die Bedingungen für Verbindbarkeit und Unverbindbarkeit explizit zu machen.
Nehmen wir als Beispiel die Verben essen und fressen:

Der Junge ißt den Apfel
Das Mädchen ißt das Brötchen
Der Herr ißt das Schnitzel
Die Frau ißt den Quark

Der Hase frißt den Kohl
Das Küken frißt das Gerstenkorn
Das Pferd frißt den Hafer
Die Kuh frißt das Gras

Wenn wir die Merkmalbeschreibungen der Formative in Subjektposition dieser Klassen miteinander vergleichen, so finden wir bestimmte Unterschiede, z.B.:

Mädchen

[...
⟨+ belebt⟩
⟨Mensch⟩
⟨- erwachsen⟩
⟨- männlich⟩
...]

Küken

[...
⟨+ belebt⟩
⟨Tier⟩
⟨- ausgewachsen⟩
⟨Junges von Hühnern⟩
...]

Der erste Unterschied taucht auf bei den Merkmalen ⟨Mensch⟩ und ⟨Tier⟩; wenn wir die Merkmalkomplexe der anderen Wörter miteinander vergleichen, so sehen wir, daß, auch wenn ein größerer Teil der Merkmale gleich ist, wie z.B. bei

Mann

[⟨+ belebt⟩
⟨Mensch⟩
⟨+ erwachsen⟩
⟨+ männlich⟩]

Hahn

[⟨+ belebt⟩
⟨Tier⟩
⟨Art: Vogel⟩
⟨+ ausgewachsen⟩
⟨+ männlich⟩]

dieser Unterschied in den Merkmalkomplexen der N-Formative für die Verteilung von essen und fressen relevant ist. In der Merkmalbeschreibung dieser Verben muß also darauf Bezug genommen werden.

essen

[⟨+ V⟩
⟨+ Handlung⟩
...
⟨+ __NP⟩
...
⟨NP_0: ⟨Mensch⟩⟩
...]

fressen

[⟨+ V⟩
⟨+ Handlung⟩
...
⟨+ __NP⟩
...
⟨NP_0: ⟨Tier⟩⟩
...]

Wir stellen nun Sätze einander gegenüber, die essen und trinken, bzw. fressen und saufen enthalten:

Der Junge ißt den Apfel	-	*Der Junge trinkt den Apfel
*Der Junge ißt die Limonade	-	Der Junge trinkt die Limonade
Das Pferd frißt den Hafer	-	*Das Pferd säuft den Hafer
*Das Pferd frißt das Wasser	-	Das Pferd säuft das Wasser

Während sich im Falle der Verteilung von essen und fressen die Beschränkung auf die N-Formative in Subjektposition bezog, muß die Bedingung hier bei den Formativen in Objektposition liegen.
Beim Vergleich der Merkmalkomplexe stellen wir fest, daß der relevante Unterschied in der Opposition der Merkmale ⟨fest⟩ und ⟨flüssig⟩ zu sehen ist: (Statt die Merkmalkomplexe der N-Formative zu vergleichen, könnte man auch kompetente Sprecher befragen, was ihrer Meinung nach die relevanten Unterschiede zwischen essen und trinken seien und das Ergebnis der Befragung zu formalisieren versuchen).

essen

$$\begin{bmatrix} \langle + V \rangle \\ \langle + \text{Handlung} \rangle \\ \vdots \\ \langle + \_\_ NP_1 \rangle \\ \vdots \\ \langle NP_1 \ \langle \text{fest} \rangle \rangle \\ \vdots \\ \vdots \\ \langle NP_0 \text{: } \langle \text{Mensch} \rangle \rangle \\ \vdots \end{bmatrix}$$

trinken

$$\begin{bmatrix} \langle + V \rangle \\ \langle + \text{Handlung} \rangle \\ \vdots \\ \langle + \_\_ NP_1 \rangle \\ \vdots \\ \langle NP_1 \ \langle \text{flüssig} \rangle \rangle \\ \vdots \\ \vdots \\ \langle NP_0 \text{: } \langle \text{Mensch} \rangle \rangle \\ \vdots \end{bmatrix}$$

fressen

$$\begin{bmatrix} \langle + V \rangle \\ \langle + \text{Handlung} \rangle \\ \vdots \\ \langle + \_\_ NP_1 \rangle \\ \langle NP_1 \text{: } \langle \text{fest} \rangle \rangle \\ \langle NP_0 \text{: } \langle \text{Tier} \rangle \rangle \end{bmatrix}$$

saufen

$$\begin{bmatrix} \langle + V \rangle \\ \langle + \text{Handlung} \rangle \\ \vdots \\ \langle + \_\_ NP_1 \rangle \\ \langle NP_1 \text{: } \langle \text{flüssig} \rangle \rangle \\ \langle NP_0 \text{: } \langle \text{Tier} \rangle \rangle \end{bmatrix}$$

In diesem Zusammenhang treten einige Probleme auf:

1. Es kommen auch Sätze vor wie

> Der Bettler fraß den Hecht
> Der letzte Gast soff den Cognac

die möglicherweise von kompetenten Sprechern als akzeptabel erklärt werden. Ein solcher Verstoß gegen die in der Merkmalbeschreibung des Verbs festgelegte Beschränkung bringt eine Vergleichsrelation ins Spiel, wobei durch das Verb bestimmte Merkmale auf NP_0 übertragen werden. Wir nennen diese Übertragung Projektion.
Deutlicher wird diese Übertragungswirkung des Verbs in den Beispielen

> Er aß dieses scheußliche Zeug
> Er trank dieses scheußliche Zeug

Hier ist NP_1 in der Merkmalbeschreibung im Hinblick auf ⟨fest⟩ oder ⟨flüssig⟩ gar nicht spezifiziert; dennoch ist zu verstehen, daß es sich in einem Fall um ein festes, im anderen um ein flüssiges Objekt handelt.

Der Satz

> Er aß und trank und war fröhlich und guter Dinge

weist gar keine Objekte auf, die die Selektion regulieren; wir können sagen, daß die an der Oberfläche ausgesparten Objekte im Merkmalbündel der Verben durch ihre relevanten Merkmale repräsentiert sind; diese Merkmale werden so zu Merkmalen des V-Formativs.
Ein Sonderfall ist dabei der Satz

> Er will nicht essen

wo auf Nahrungsaufnahme allgemein angespielt ist; die Merkmale ⟨fest⟩ / ⟨flüssig⟩ sind hier neutralisiert; der Gebrauch von essen dominiert in diesem Fall über trinken.
Die Projektionswirkung der Verben wirkt sich auch in Sätzen aus wie

> Der ganze Bus trank das scheußliche Zeug

wo nicht nur das Merkmal ⟨flüssig⟩ in die Objekt-NP projiziert wird, sondern auch das Merkmal ⟨Mensch⟩ in die Subjekt-NP. Das heißt, die V-Formative sind durch die in ihrem Merkmalkomplex enthaltenen Beschränkungsbestimmungen semantisch charakterisiert und können die für die Beschränkung relevanten Merkmale auf N-Formative projizieren, wenn sie mit diesen syntaktisch verbunden werden; es wäre also nicht richtig, die Merkmalstruktur der Verben allein unter dem Gesichtspunkt der N-Formativ-Selektion zu bewerten.

Trotz der Möglichkeit, fressen und saufen auch auf Wörter mit dem Merkmal ⟨Mensch⟩ zu beziehen, wird man an der Zuordnung zu ⟨Tier⟩ festhalten, da zumindest essen nicht in umgekehrter Richtung übertragbar ist und die Diskrepanz in der Merkmalverbindung eben diesen Gebrauch als stilistische Variante von fressen kennzeichnet.

2. Der Satz

Er ißt die Suppe

ist akzeptabel, obwohl Suppe durch ⟨flüssig⟩ charakterisiert ist.
Man könnte Sätze wie

Er ißt die Suppe
Er ißt die Kaltschale
Er ißt die Salatsoße

zur Ausnahme erklären. Was man mit dem Löffel zu sich nimmt, dafür tritt in sprachlichem Ausdruck, ungeachtet des Merkmals ⟨flüssig⟩ in der Merkmalbeschreibung von NP_1, das Verb essen ein.
Da aber daneben auch der Satz

Er trinkt die Salatsoße

möglich ist, müssen offenbar noch weitere Merkmale zur Beschreibung des Unterschieds von essen und trinken herangezogen werden. Es handelt sich um Bezeichnungen für verschiedene Handlungsabläufe: trinken in

Er trinkt die Salatsoße

impliziert, daß er den Teller an die Lippen führt und die Flüssigkeit mit den für das Trinken charakteristischen Schluckbewegungen aufnimmt; essen weist demgegenüber andere Vorgangsmerkmale auf (kauen, Benützen von Besteck). Durch essen und trinken sind auch diese Vorgangsmerkmale impliziert.

3. Wir haben gesehen, daß Sätze wie

*Der Junge fraß den Kuchen allein
*Der Junge aß die Limonade

aus verschiedenen semantischen Gründen abweichende Sätze sind.
Der Satz

*Der Junge aß zum Frühstück Ziegelsteine

ist ungewöhnlich, obwohl Ziegelstein das Merkmal ⟨fest⟩ hat. Wir könnten das Entstehen von Sätzen dieser Art blockieren, indem wir das Merkmal ⟨genießbar⟩ einführen und nur solche Sätze als akzeptabel erklären, deren Objekt-NP durch ⟨genießbar⟩ charakterisiert ist.

Da aber Sätze wie

Der Junge hat Tollkirschen gegessen

wohlgeformte Sätze sind, ungeachtet der Tatsache, daß Tollkirschen ⟨ungenießbar⟩ sind, ist dieses Verfahren unzulänglich. Wir stoßen hier auf das Korrektiv der Umwelterfahrung: Nicht vom semantischen Gesichtspunkt her ist es ungewöhnlich, Tollkirschen zu essen, sondern unter pragmatischem Gesichtspunkt; aufgrund der menschlichen Erfahrung, daß die Handlung üble Folgen hat, wird sie, die Handlung selbst, abgelehnt. Das berührt jedoch die Semantik nicht. (Zu diesem Problem besonders: Eugenio Coseriu, Lexikalische Solidaritäten.)

Aufgaben

(1) Geben Sie eine Merkmalbeschreibung der Verben in Abhängigkeit von NP_0:

fließen rieseln kollern

(2) Geben Sie eine Merkmalbeschreibung der Verben in Abhängigkeit von NP_1:

spritzen gießen träufeln schütteln streuen

(3) Erklären Sie die Abweichungsart der Sätze

Die Zigarette $\left\{\begin{array}{l}\text{fiel}\\ \text{stürzte}\end{array}\right\}$ zu Boden

Er $\left\{\begin{array}{l}\text{wälzte}\\ \text{rollte}\end{array}\right\}$ den Tennisball über den Tisch

Der Apfel wurde am Stiel verwundet
Der Soldat wurde an der Schläfe beschädigt
Er sah sich von einem Polizisten umringt

(Die Beispiele sind adaptiert aus: Ernst Leisi, Der Wortinhalt. Seine Struktur im Deutschen und Englischen)

7.12 Wir bringen noch ein weiteres Beispiel für die Merkmalabhängigkeit der Verben von N-Formativen. (Adaptiert aus: Manfred Bierwisch, Some Semantic Universals of German Adjectivals.) Zu erklären ist der unterschiedliche Akzeptabilitätsgrad der Sätze:

(a) Er stellt das Buch auf den Tisch
Er legt das Buch auf den Tisch

(b) Er stellt das Tintenfaß auf den Tisch
*Er legt das Tintenfaß auf den Tisch

(c) *Er stellt den Schal auf den Tisch
Er legt den Schal auf den Tisch

Die Gegenüberstellung von (b) und (c) ist besonders aufschlußreich; die Ursache der Verteilung muß im Objekt-NP liegen. Wir können wieder unseren kompetenten Sprecher befragen, z.B. was der Unterschied zwischen

Er legt die Zeitung auf den Tisch
Er stellt die Zeitung auf den Tisch

sei, und erhalten vielleicht zur Antwort, stellen sei nur möglich, wenn man die Zeitung so falte, daß sie aufrecht stehen könne. Wir setzen also das Merkmal ⟨aufrecht⟩ an.
Wenn wir es an den Sätzen (1) und (2) in den Gruppen (a) bis (c) nachkontrollieren, sehen wir, daß da, wo das Objekt die Bedingung ⟨kann aufrecht stehen⟩ nicht erfüllt, die Sätze mit stellen inakzeptabel sind. Im Fall des Satzes

*Er legt das Tintenfaß auf den Tisch

gilt die Bedingung ⟨kann nur aufrecht stehen⟩.
Die Projektion der Verbbedeutung bringt Informationen über die räumliche Position der Objekte:

Er stellt das Ding auf den Tisch	⟨vertikal⟩
Er legt das Ding auf den Tisch	⟨horizontal⟩

Wenn man die Merkmalbeschreibung der Verben in Abhängigkeit von NP_1 formulieren will, so kann man die N-Formative nach ihren möglichen Raumachsen charakterisieren; für Schal gilt nur die Raumachse ⟨horizontal⟩ für Tintenfaß nur ⟨vertikal⟩.
Ein Buch kann man legen und stellen; Buch wäre also im Hinblick auf das Merkmal ⟨Raumachse⟩ sowohl als ⟨vertikal⟩ wie als ⟨horizontal⟩ zu charakterisieren.
(Die Abweichung des Satzes

Er legt das Tintenfaß auf den Tisch

ist von ähnlicher Art wie die des Satzes

Er ißt gern Tollkirschen

Die Abweichung beruht hier auf der Erfahrung, daß liegende Tintenfässer üble Folgen haben können; auch andere Aspekte der Pragmatik wie ⟨gewohnt / ungewohnt⟩ können bei der Selektion eine Rolle spielen, z.B.

Er legt sich abends ins Bett
*Er stellt sich abends ins Bett)

Dennoch kann man feststellen, daß bei manchen Objekten die vertikale Achse dominiert, z.B. bei Krug, Schrank, Mülleimer, während andere, wie Manuskript, Geldschein, Münze, eine dominante horizontale Achse haben.

Doch decken sich hier die realen Bedingungen nicht immer mit dem semantischen Befund. Sätze wie

Er stellt die Schuhe unters Bett
Sie stellt die Suppe auf den Tisch

sind akzeptabel, die Verbindung mit legen in diesen Fällen aber inakzeptabel:

*Er legt die Schuhe unters Bett
*Sie legt die Suppe auf den Tisch,

obwohl von den Raumbedingungen her diese Objekte keine ausgeprägte Vertikalachse haben, eher eine Horizontalachse. Hier ist mit weiteren besonderen Vorgangsmerkmalen zu rechnen. Dieser Befund ist umso erstaunlicher, als man sonst allgemein sagen kann, daß die Vertikalachse gegenüber der horizontalen ausgezeichnet ist, da Objekte mit einer Vertikalachse in der Regel auch eine Horizontalachse haben, z.B. Vase, Kasten, seltener umgekehrt, z.B. Blatt, Mütze.
Die Merkmalbeschreibung von stellen und legen könnte so aussehen:

$$\begin{array}{cc} \text{stellen} & \text{legen} \\ \begin{bmatrix} \langle +\text{V} \rangle \\ \langle +\text{Handlung} \rangle \\ \vdots \\ \langle + \_\_\text{NP}_1 \rangle \\ \langle \text{NP}_1 : \langle \text{vert.} \rangle \rangle \\ \vdots \end{bmatrix} & \begin{bmatrix} \langle +\text{V} \rangle \\ \langle +\text{Handlung} \rangle \\ \vdots \\ \langle + \_\_\text{NP}_1 \rangle \\ \langle \text{NP}_1 : \langle \text{hor.} \rangle \rangle \\ \vdots \end{bmatrix} \end{array}$$

Aufgaben

(1) Geben Sie eine semantische Charakterisierung des Verbs stecken ausgehend von den Sätzen
Er steckt das Buch ins Regal
Er legt das Taschentuch in die Tasche

(2) Versuchen Sie eine Merkmalbeschreibung der Verben
liegen stehen sitzen lehnen hängen

7.2 Semantische Analyse von Bewegungsverben

Wir haben an den obigen Beispielen gesehen, daß es möglich ist, eine Bedeutungsbeschreibung von Verben in Abhängigkeit von den Merkmalen ihrer nominalen Umgebung vorzunehmen und haben durch die Annahme einer projektiven Potenz der Verbbedeutung zu erklären versucht, wie die Merkmalkomplexe der Verben als Grundlage für die semantische Interpretation eines Satzes eingesetzt werden können.

Wir wenden uns nun einem Verbbereich zu, wo die Variation von Subjekt-NP oder Objekt-NP keine so große Rolle spielt, da es sich um intransitive Verben handelt und wo also die Bedeutungsunterschiede aus den Verben selbst entwickelt werden müssen.
Als Demonstrationsbeispiel verwenden wir eine Gruppe von Bewegungsverben; die Satzstruktur sei vom Typ

Er geht.

(Adaptiert aus: Klaus Baumgärtner, Die Struktur des Bedeutungsfeldes.)
Wenn wir der groben Einteilung der Verben in der Dudengrammatik folgen, so können wir Zustands-, Vorgangs- und Tätigkeitsverben unterscheiden. Da wir uns mit den semantischen Unterschieden innerhalb einer speziellen Verbgruppe beschäftigen wollen, lassen wir das Problem der Rechtfertigung einer solchen Einteilung dahingestellt sein. Einteilungen dieser Art genügen, um intuitiv Verben wie

sprechen, schreien, dozieren, plaudern

von Verben wie

keimen, wachsen, blühen, welken, faulen

zu unterscheiden.
Aus der Klasse der Tätigkeitsverben heben wir eine Gruppe von Verben wie

gehen, laufen, schreiten, wandern

heraus und setzen sie durch das Merkmal ⟨Fortbewegung⟩ von Verben wie

tanzen, drehen, zappeln, baumeln, schwingen

ab, die zwar auch das Merkmal ⟨Bewegung⟩ haben, die aber nicht vorwiegend in Satzstrukturen mit ⟨belebtem⟩ Subjekt-NP auftreten und nicht das selbsttätige Bewirken eines Ortswechsels bezeichnen.
Wir stellen das Minimalpaar $\begin{Bmatrix}\text{gehen}\\ \text{fliegen}\end{Bmatrix}$ auf und erhalten (nach Auskunft kompetenter Sprecher) die unterscheidenden Merkmale ⟨auf dem Boden⟩ und ⟨in der Luft⟩; wenn wir <u>schwimmen</u> hinzuziehen, so erhalten wir als weiteres unterscheidendes Merkmal ⟨im Wasser⟩. Die Medien implizieren auch spezielle Bewegungsabläufe der Gliedmaßen:

gehen	fliegen	schwimmen
⟨+ V⟩	⟨+ V⟩	⟨+ V⟩
⟨+ — #⟩	⟨+ — #⟩	⟨+ — #⟩
⟨+ Fortbewegung⟩	⟨+ Fortbewegung⟩	⟨+ Fortbewegung⟩
⟨auf dem Boden⟩	⟨in der Luft⟩	⟨im Wasser⟩
⟨mit den Beinen⟩	⟨mit den Flügeln⟩	⟨mit den Flossen⟩

Wir haben dabei auf die Abhängigkeit der körperlichen Ausrüstung der sich normalerweise in diesen Medien bewegenden Lebewesen Rücksicht genommen und erfassen mit dieser Merkmalbeschreibung Sätze wie

Der Mensch geht
Der Vogel fliegt
Der Fisch schwimmt

Die Komponenten des Bewegungsablaufs werden offenbar in Abhängigkeit von der Subjekt-NP speziell selektiert, wie aus der Spezifizierung der Gliedmaßen zu sehen ist.
Wenn wir in der Subjektposition eine Beschränkung auf ⟨NP_0: ⟨Mensch⟩⟩ vornehmen, so würden sich die untersten Merkmale ändern entsprechend den von unserer Erfahrung her gegebenen Bewegungsmöglichkeiten des Menschen; die Sätze

(1) Er geht über die Straße
(2) *Er fliegt über die Straße
(3) *Er schwimmt über die Straße
(4) *Er geht über den Fluß
(5) *Er fliegt über den Fluß
(6) Er schwimmt über den Fluß

weisen so unterschiedliche Akzeptabilität auf; jeder der mit einem Sternchen versehenen Sätze bedarf eines speziellen Kontexts, um interpretierbar zu sein:
Für die Sätze (2) und (5) könnte der Kontext etwa sein 'durch den Luftdruck einer Explosion' oder 'mit einem Flugzeug'.
Satz (4) ist möglich, wenn durch den Kontext sichergestellt ist, daß der Fluß vereist ist oder eine Brücke über den Fluß führt.
Bei Satz (3) ist als Kontext nur eine Überschwemmung denkbar.
Die Abweichungen sind also nur bedingt semantischer Natur; die bisher gegebene Merkmalbeschreibung ist ausreichend.
Wir können fortfahren, zu gehen Oppositionen aufzustellen, z.B.

gehen	gehen	gehen
kriechen	trippeln	fahren

Diese Wortpaare zeigen, daß das Bedeutungsfeld ⟨Fortbewegung⟩ von gehen her durch Minimalschritte zu gliedern ist.

kriechen	trippeln	fahren
⟨+ V⟩	⟨+ V⟩	⟨+ V⟩
:	:	:
⟨Fortbewegung⟩	⟨Fortbewegung⟩	⟨Fortbewegung⟩
⋮	⋮	⋮
⟨+ — #⟩	⟨+ — #⟩	⟨+ — #⟩
⟨auf dem Boden⟩	⟨auf dem Boden⟩	⟨auf dem Boden⟩
⟨mit Händen und Füßen⟩	⟨mit kurzen Schritten⟩	⟨mit einem Fahrzeug⟩

In ähnlicher Weise könnte man das Verb laufen durch den Ansatz eines Merkmals ⟨schnell⟩ von gehen absetzen:

laufen

⟨+ V⟩
.
.
.
⟨+— #⟩
⟨Fortbewegung⟩
⟨auf dem Boden⟩
⟨mit den Füßen⟩
⟨schnell⟩

Voraussetzung für den Ansatz dieses Merkmals wäre die völlige Synonymie der Sätze

Er geht schnell	Er läuft
Er geht	Er läuft langsam

Außerdem müßten Verbindungen wie

Er läuft schnell
Er geht langsam

als Tautologien interpretiert werden, analog zu

Pferd
⟨+ weiß⟩ ——→ Schimmel

aber nicht : *weißer Schimmel

Beides trifft nicht zu.

Es ist zu vermuten, daß laufen weniger durch die Komponente ⟨schnell⟩ determiniert ist, als vielmehr durch die Bewegungsabläufe der beteiligten Gliedmaßen, in diesem Fall der Beine: Ein Erwachsener, der langsam geht, kann schneller sein als ein Kind, das läuft; man kann schnell gehen ohne zu laufen, und es ist auch möglich, "am Ort" zu laufen.
Die Interpretationsschwierigkeit liegt in der Bedeutung von schnell, das sich als relatives Adjektiv nicht zur Kategorisierung eignet. Man muß davon ausgehen, daß es Erwartungsnormen im Hinblick auf ⟨Geschwindigkeit⟩ für gehen gibt und ebenso für laufen, wobei die Erwartungsnorm von laufen über der von gehen liegt. Langsam gehen heißt also 'unter der Erwartungsnorm der (menschlichen) Gehgeschwindigkeit bleiben' und schnell laufen 'über der Erwartungsnorm der (menschlichen) Laufgeschwindigkeit liegen'. Es ist nicht zu leugnen, daß es innerhalb der Fortbewegungsverben eine Stufung nach ⟨Geschwindigkeit⟩ gibt, die aber nach relativen Erwartungsnormen zu interpretieren ist.

schleichen - gehen - laufen - rasen

Als Merkmale ließen sich also ansetzen:

schleichen	laufen
⟨+ V⟩	⟨+ V⟩
⟨+ __ #⟩	⟨+ __ #⟩
⟨Fortbewegung⟩	⟨Fortbewegung⟩
⟨auf dem Boden⟩	⟨auf dem Boden⟩
⟨mit den Füßen⟩	⟨mit den Füßen⟩
⟨Geschwindigkeit: langsamer als gehen⟩	⟨Geschwindigkeit: schneller als gehen⟩

Ein ähnliches Beispiel dafür, daß bei den Bewegungsverben die Form der Bewegung konstitutiv ist, liefert flattern, das man parallel zu trippeln als Minimalabweichung zu fliegen mit dem Merkmal ⟨mit kurzen Flügelschlägen⟩ charakterisieren könnte. Der mit diesem Verb bezeichnete Vorgang braucht sich nicht ⟨in der Luft⟩ abzuspielen:

Der kleine Vogel flattert auf dem Boden dahin

Selbst die Komponente ⟨Fortbewegung⟩ wird hier erst durch den Kontext eingeführt - Gegenbeispiel:

Der kleine Vogel flattert mit den Flügeln, wenn er gefüttert wird

Die Fortbewegungskomponente wird bei solchen Verben durch eine lokative Präpositionalphrase eingeführt:

durch die Luft, über den Boden

Wir verzichten darauf, den gesamten Bereich der Fortbewegungsverben zu diskutieren und fassen die bisherigen Erkenntnisse zusammen:

1. Der Bereich der Fortbewegungsverben eignet sich in besonderem Maße zur Untersuchung mit den Mitteln der Minimalpaaranalyse.
2. Als Komponenten kommen bei der weiteren Ausdifferenzierung Charakteristika der Bewegungsabläufe in Frage, z.B. stapfen ⟨schwerfällig⟩, schlendern ⟨lässig⟩.
3. Das Bedeutungsfeld läßt sich auch generativ interpretieren, insofern als aus einem Zentralkomplex, dem das Formativ gehen entspricht, sich durch Addition von Einzelmerkmalen Schritt für Schritt der Formativbestand in diesem Bereich ergibt, z.B.

gehen

gehen		
⟨+V⟩ ⟨+__#⟩ ⟨Fortbewegung⟩ ⟨auf dem Boden⟩ ⟨mit den Füßen⟩	+ ⟨Geschwindigkeit: langsamer als gehen⟩	→ schleichen
	+ ⟨würdig⟩	→ schreiten
	+ ⟨hölzern⟩	→ stelzen

↓

gehen

Aufgaben

(1) Erklären Sie das semantische Verhältnis von laufen und gehen in den beiden Sätzen
Der Käfer läuft schnell über die Wiese
Der Mann geht langsam über die Wiese

(2) Geben Sie eine Merkmalbeschreibung von
treiben gegenüber schwimmen
schweben gegenüber fliegen

(3) Bauen Sie ausgehend von töten das Bedeutungsfeld von erwürgen, vergiften, erstechen, erschießen, henken auf.

7.3 Komponentenanalyse einiger Verben ausgehend von der Grundrelation A hat B

7.31 In dieser Grundrelation laufen viele Transformationen zusammen, wie aus folgenden Beispielsätzen ersichtlich ist.

(1) Jeder Gefangene hat eine Nummer
(2) Hans hat einen Sohn
(3) Das Glas hat einen Sprung
(4) Das Kalb hat zwei Köpfe
(5) Peter hat Angst

Wir beschäftigen uns hier nur mit einem Teilaspekt des hat-Problems. (Adaptiert aus: Edward Herman Bendix, Componential Analysis of General Vocabulary.) Das Muster A hat B ist eines häufigen Auftretens wegen auch gut geeignet als Grundlage für die Klassifizierung von Substantiven, da sich in bezug auf diese Relation ganz interessante Verteilungen, ergeben, die z.B. bei Sätzen vom Typ

Hans hat ein Buch

eine Rolle spielen. Wir können diese Relation formal darstellen als $A\ R_{hat}\ B$, was so zu lesen ist: 'A steht in haben-Relation zu B', um sie von anderen Relationen, z.B. Hans macht ein Futterhäuschen ($A\ R_{macht}\ B$) und Hans wärmt das Essen ($A\ R_{bewirkt}\ xB$), usw. zu unterscheiden.)
Es handelt sich um zwei Relationsmöglichkeiten, eine allgemeine und eine spezielle, deren Unterschied durch diese beiden Sätze verdeutlicht werden soll:

(1) Hans hat ein Buch, das ihm gehört
(2) Hans hat ein Buch, das ihm nicht gehört

Die Gegenüberstellung der beiden Sätze zeigt, daß die Relation 'gehören' für haben nicht zu den relevanten Merkmalen gehört; wohl aber für besitzen:

*Hans besitzt ein Buch, aber es gehört ihm nicht

haben ist im Hinblick auf die Art der Relation unspezifiziert; besitzen ist spezifiziert.
Wir können das so formalisieren:

A besitzt B

[⟨A	hat	B⟩]
[⟨B	gehört	A⟩]

Diese Spezifizierung muß bei der Komponentenanalyse berücksichtigt werden, um die Unterschiede zu anderen Verben erfassen zu können, z.B.
A verwaltet B

Hans verwaltet das Geld

[A	hat	B]
[B	nicht-gehört	A]

Die haben-Relation in Satz (1) kann also umschrieben werden mit

Hans besitzt ein Buch

Wir nennen diese spezifizierte haben-Relation die Besitz-Relation. (Die juristische Unterscheidung von Eigentum und Besitz lassen wir bei unserer semantischen Analyse, die sich auf die Alltagssprache bezieht, beiseite.)
Je nach Topikalisierung (Hervorhebung von NP durch Zuweisung der Spitzenposition im Satz) stehen auf der Ebene des Lexikons:

(1) Hans besitzt das Buch
(2) Das Buch gehört Hans

oder auch:

(3) Hans ist der Besitzer des Buches
(4) Das Buch ist im Besitz von Hans
(5) Das ist das Buch von Hans

Wir sehen also, daß diese spezifizierte haben-Relation auf der Oberfläche mindestens fünf verschiedene Repräsentationen hat.

7.32 Zu den Zustandsverben haben und besitzen treten die kausativen Varianten geben und nehmen:
Durch die kausative Struktur kommt eine dritte Größe (C) ins Spiel. Sowohl die passiven wie die aktiven Varianten haben Repräsentationen auf der Ebene des Lexikons:

			besorgen
Hans	{besorgt sich / verschafft sich}	das Buch	[⟨D hat B⟩ / ⟨A bewirkt (A hat B)⟩]
Peter	{besorgt Hans / verschafft Hans}	das Buch	[⟨D hat B⟩ / ⟨C bewirkt (A hat B)⟩]

(1) Peter {gibt / überläßt} Hans das Buch

Umkehrrelation:

(3) Hans {erhält / bekommt / kriegt} das Buch von Peter

(2) Peter {nimmt / entzieht} Hans das Buch

Umkehrrelation:

(4) Hans {verliert / liefert} das Buch an Peter

geben

[⟨C hat B⟩
⟨C bewirkt (A hat B)⟩]

nehmen

[⟨A hat B⟩
⟨C bewirkt (A nicht-hat B)⟩]

Der Unterschied zwischen geben und besorgen ist durch die Relationen C hat B (Peter, der Geber selbst, hat das Buch) und D hat B (Peter muß Verbindung mit einer dritten Stelle D aufnehmen, so daß Hans das Buch erhält) gekennzeichnet. Wenn wir den aber-Test verwenden, so sehen wir, daß besorgen nicht automatisch zu A hat B führt.

(1) Peter hat Hans das Buch besorgt,
aber Hans hat das Buch noch nicht erhalten.

Im Gegensatz zu:

(2) Peter hat Hans das Buch gegeben,
aber Hans hat das Buch noch nicht erhalten.

Wir setzen also in der Komponentenanalyse statt A hat B hier besser an:

B ist für A

besorgen hätte also folgende Komponentenbeschreibung:

[⟨D hat B⟩
⟨C bewirkt (B ist für A)⟩]

geben und nehmen sind zwar Lexikon-Repräsentationen für Komponentenkombinationen, haben aber selbst noch ziemlich allgemeine semantische Strukturen; wir können sie daher als Grundstrukturen verwenden (ähnlich wie gehen in 7.2).

7.33 Durch Hinzuziehen weiterer Komponenten können diese Grundstrukturen zur Grundlage, weiterer V-Formative gemacht werden:

stehlen	rauben	kaufen
schenken	leihen	verkaufen

stehlen — Peter stiehlt Hans das Buch

⟨A hat B⟩
⟨C bewirkt (A nicht-hat B)⟩
⟨Vorgehen: heimlich⟩

rauben — Peter raubt Hans das Buch

⟨A hat B⟩
⟨C bewirkt (A nicht-hat B)⟩
⟨Vorgehen: gewaltsam⟩

kaufen — Peter {kauft das Buch von Hans / kauft Hans das Buch ab}

⟨A hat B⟩
⟨C bewirkt (C hat B)⟩
⟨gegen Geld⟩

schenken — Peter schenkt Hans das Buch

⟨C hat B⟩
⟨C bewirkt (B gehört A)⟩
⟨ohne Gegenleistung von A⟩

verkaufen — Peter {verkauft Hans das Buch / verkauft das Buch an Hans}

⟨C hat B⟩
⟨C bewirkt (B erhält A)⟩
⟨gegen Geld von A⟩

Für den Satz

Peter kauft Hans ein Buch

gilt dasselbe wie für besorgen.
Im Falle von leihen und borgen ist als Merkmal zu berücksichtigen, daß B dabei nicht in den Besitz von A übergeht wie etwa bei schenken, sondern B bleibt im Besitz von C:

leihen — Peter leiht Hans das Buch

⟨C hat B⟩
⟨C bewirkt (A hat B)⟩
⟨B nicht-gehört A⟩

borgen — Hans borgt sich das Buch von Peter

⟨C hat B⟩
⟨A bewirkt (A hat B)⟩
⟨B nicht-gehört A⟩

Wir haben bisher Verben mit der Vorgangsstruktur A nicht-hat B und A hat B untersucht, wobei eine dritte Größe C im Spiel war, die diesen Übergang bewirkte. Jede dieser Komponentenkonstellationen hat bestimmte Repräsentationen auf der Ebene des Lexikons, z.B.

⟨A nicht-hat B⟩

B {mangelt / fehlt} A

A {entbehrt / vermißt} B

Beim Übergang von A nicht-hat B zu A hat B kann C beteiligt sein

C gibt dem A ein B

[⟨C hat B⟩
⟨C bewirkt (A hat B)⟩]

C besorgt dem A ein B

[⟨D hat B⟩
⟨C bewirkt (B ist für A)⟩]

C kann aber auch durch A ersetzt sein:

A besorgt sich ein B

[⟨D hat B⟩
⟨A bewirkt (B ist für A)⟩]

Die vermittelnde Größe, die den Übergang herbeiführt, kann aber auch ganz fehlen, z.B. Hans erhält das Buch; wir können darin die Umkehrrelation zu

Jemand gibt Hans das Buch

sehen. Interessant ist, daß für diese Komponentenkonstellation, eine ganze Reihe von Lexikonrepräsentationen existieren:

Hans {erhält / bekommt / kriegt / empfängt} das Buch

deren Selektionsbeschränkungen noch untersucht werden müßten; diese starke Ausprägung im Lexikon deutet auch darauf hin, daß wir hier offenbar eine Grundrelation vor uns haben.

Wir haben also folgende Positionen neu zu berücksichtigen:

B mangelt / fehlt A — A besitzt B / B gehört A — A { entbehrt / vermißt } B

Zustand: ⟨A nicht-hat B⟩ — ⟨A hat B⟩ — ⟨A nicht-hat B⟩

Veränderung: ⟨C bewirkt ⟨A hat B⟩⟩ — ⟨C bewirkt ⟨A nicht-hat B⟩⟩

A erhält B — A verliert B

C { gibt / schenkt / überläßt } dem A ein B — C { nimmt / stiehlt / raubt } dem A ein B

Man könnte nun untersuchen, welche Komponenten die Ausdifferenzierung von ⟨C bewirkt (A hat B)⟩ und ⟨C bewirkt (A nicht-hat B)⟩ bedingen und welche lexikalischen Entsprechungen der Rollenwechsel von A und C hat:

z.B. Peter verkauft Hans das Buch
Hans kauft das Buch von Peter

und Peter leiht Hans das Buch
Hans borgt das Buch von Peter

Als besondere Gruppe sind die Verben abzuheben, wo eine Veränderung der haben-Relation mit einer Veränderung der gehören-Relationen verbunden ist

Hans empfängt	das	Buch	von	Peter
Hans kauft	das	Buch	von	Peter
Hans erbt	das	Buch	von	Peter
Peter schenkt		Hans	das	Buch
Peter vermacht		Hans	das	Buch
Peter verwettet	das	Buch	an	Hans

Schließlich wäre noch der Status von Verben wie

Hans behält das Buch

zu untersuchen. Behalten steht, wie eine Probe zeigt, in direkter Opposition zu hergeben:

*Hans behält das Buch, aber er gibt es nicht her
*Hans behält das Buch, aber er gibt es her.

behalten

[⟨A hat B⟩
⟨A nicht-bewirkt (A nicht-hat B)⟩]

Dieses Verb steht als Zustandsverb zwischen den Veränderungsverben

Hans erwirbt das Buch — Hans veräußert das Buch

[⟨A nicht-hat B⟩
⟨A bewirkt (A hat] — [⟨A hat B⟩
⟨A bewirkt (A nicht-hat B)⟩]

Durch die Einführung zusätzliches Merkmale in ⟨gegen Geld⟩, ⟨umsonst⟩ ergeben sich V-Formative wie verkaufen, verschenken.

7.34 Der Zeitfaktor T

Alle Verben, die als Komponentenbestandteil ⟨bewirken⟩ haben, bezeichnen eine Veränderung der haben-Beziehung zwischen A, B und C. Man kann jeden dieser Vorgänge formal so darstellen, daß dieser Veränderung Rechnung getragen wird. In der Komponentendarstellung kommt das dadurch zum Ausdruck, daß in der ersten Komponente die haben-Relationen so angegeben werden, wie sie vor Eintreten der durch das Verb bezeichneten Veränderung bestehen; darauf folgt die Angabe der Umpolung der Relationen. Das bisher verwendete Notationsverfahren ist daher verkürzt; es müßte etwa bei

A erwirbt B

folgende Form haben

[⟨vor T: ⟨A nicht-hat B⟩⟩
⟨Veränderung bewirkt von A⟩
⟨nach T: ⟨A hat B⟩⟩]

wobei T der Zeitpunkt der eingetretenen Veränderung ist. Bei dieser Notation wird auch die Rolle von A klarer sichtbar: es fehlt die Angabe über den Faktor, der die Veränderung auslöst:

A erhält B

[⟨vor T: ⟨A nicht-hat B⟩⟩
⟨Veränderung⟩
⟨nach T: ⟨A hat B⟩⟩]

Aufgaben

(1) Geben Sie die Komponentenstrukturen folgender Verben an:
A ersteht B — A ersteigert B
A verkauft B — A verspielt B

(2) Versuchen Sie eine Komponentenanalyse der Sätze
Peter verspricht Hans das Buch
Peter verweigert Hans das Buch

(3) Versuchen Sie eine Komponentenanalyse folgender Verben
Peter bringt Hans das Buch
Peter holt Hans das Buch

(4) Suchen Sie die deutschen Lexikonentsprechungen für
⟨C nicht-bewirkt (A nicht-hat B)⟩ und
⟨A bewirkt (A hat B)⟩
⟨Vorgehen: illegal⟩

(5) Stellen Sie fest, ob im Lexikon bei A nicht-hat B der Umstand berücksichtigt wird, daß dem Nicht-Haben eine Haben-Phase vorausgegangen ist.

7.4 Die Polysemie von Verben

Bei den obigen Bedeutungsanalysen konnte der Eindruck entstehen, es sei möglich, durch einfache Minimalpaaranalyse von Einzelwörtern die relevanten semantischen Merkmale zu isolieren und diese zu einem Bündel zusammengefaßt als "Bedeutung" eines Wortes zu präsentieren. Wenn wir dasselbe Wort aber in verschiedenem Kontext vorfinden, wie etwa in den Beispielen

(1) Hans blieb stehen
(2) Das Auto blieb stehen
(3) Die Uhr blieb stehen
(4) Das Wasser blieb stehen
(5) Die Brücke blieb stehen
(6) Der Name blieb stehen

so erhebt sich die Frage, wie die Bedeutungsvarianten von stehen bleiben zu erklären und die Zusammenhänge zwischen ihnen zu formalisieren und darzustellen seien. In seinem Buch "Lexikalische und aktuelle Bedeutung" beschäftigt sich Wilhelm Schmidt mit diesem Problem. Er setzt fest, daß stehen in dem Satz

(7) Karl stand reglos an der Straße

in seiner Hauptbedeutung repräsentiert sei, die sich aus drei Bedeutungselementen zusammensetze:

(a) 'auf die Füße gestützt'
(b) 'aufrecht'
(c) 'an einer Stelle verharren'

Unter dem Einfluß der semantischen Eigenschaften der Subjekt-NP werden die Bedeutungselemente abgeschwächt oder verstärkt; auf diese Weise sei z.B. in dem Satz

(8) Die Luft stand, und nur dann und wann fuhr ein Windstoß durch die Stille

das Bedeutungselement (a) völlig aufgegeben und auch das Element (b) sei nicht mehr nachweisbar; nur die Komponente (c) sei verstärkt vorhanden.
In dem Beispielsatz schließlich

(9) Und das Wort bleibt stehen: Lewwer duad üs Slaav!

liege übertragener Verbgebrauch von stehen vor; die Komponente (c) sei außerhalb ihres eigentlichen Geltungsbereiches verwendet und zu dem Sinn 'Geltung behalten' verändert. Leider verzichtet Schmidt auf eine Formalisierung seiner Ergebnisse, so daß nicht klar wird, durch welchen Mechanismus die lexikalische Bedeutung in die aktuellen Bedeutungen umgesetzt wird.

Der Hörer müßte über die Fähigkeit verfügen, je nach Art der Subjekt-NP die richtigen Modifizierungen an der lexikalischen Bedeutung von stehen vorzunehmen. Wir wenden uns den Beispielsätzen zu Anfang dieses Abschnittes zu und stellen fest, daß der Satz

Hans blieb stehen

zwei Bedeutungen haben kann:

(d) 'Hans behielt seine aufrechte Haltung bei; er setzte sich nicht, er fiel nicht um'
(e) 'Hans unterbrach das Gehen, hielt an'

Bei der Analyse der Verben setzen, stellen, legen haben wir gesehen, daß ihr Gebrauch reguliert wird durch die vorherrschende Raumachse des N-Formativs in Objekt-Position. Dieses Ergebnis können wir hier verwerten: Die N-Formative in (1) und (5) weisen ⟨+ vert⟩ auf und entsprechend ist die Bedeutung von stehen bleiben zu umschreiben als 'vertikale Position beibehalten' oder negativ formuliert: 'nicht umfallen'. Die äußeren Voraussetzungen sind von sekundärer Bedeutung: in Satz (1) haben z.B. 'Füße', in Satz (5) 'Pfeiler' die stützende Funktion; diese Bestimmungen gehören aber nicht in die semantische Beschreibung von stehen; nur ⟨+ vert⟩ ist relevant. Die N-Formative in (4) und (6) weisen das Merkmal ⟨+ vert⟩ nicht auf; also kann stehen bleiben nicht entsprechend interpretiert werden, dagegen kann die Uhr in (3) wenn es sich etwa um eine Standuhr handelt, auch als ⟨+ vert⟩ aufgefaßt werden (Alles fiel um, nur die Uhr blieb stehen); ähnlich verhält es sich mit das Auto in (4); in solchen Fällen ergibt sich ⟨+ vert⟩ aus dem Situationskontext.
Die N-Formative können außer im Hinblick auf Raum auch im Hinblick auf Bewegung charakterisiert sein: Hans, das Auto, das Wasser können ja nach Situationskontext 'in Bewegung' sein; stehen bleiben bedeutet dann 'Unterbrechung der Bewegung'; dabei ist die Art der Bewegung wiederum für die semantische Beschreibung sekundär: Die Bewegungsabläufe von Hans und das Auto sind verschieden; das gilt auch für die Uhr in (3).
stehen bleiben hat noch eine dritte, lokative, Bedeutung ('nicht entfernt werden'), die je nach Situation variiert:

(f) 'lief nicht ab'
(g) 'verdunstete nicht'
(h) 'wurde nicht getrunken'
(i) 'wurde nicht abgeräumt'

sind z.B. mögliche Interpretationen von Satz (4) Das Wasser blieb stehen. Für Satz (6) ist entsprechend einzusetzen 'wurde nicht ausgelöscht, ausradiert, durchgestrichen', d.h. die Art des Entfernens ist wiederum vom Situationskontext abhängig.

Zusammenfassung:
Wir haben für stehen bleiben drei Bedeutungspositionen festgestellt, von denen zwei durch semantische Komponenten des N-Formativs determiniert werden: ⟨+ vert⟩ und ⟨+ in Bewegung⟩; die dritte Bedeutungsposition steht in Opposition zu Verben des Entfernens ⟨+ stationär⟩. Es handelt sich also nicht um eine Gesamtbedeutung von stehen bleiben mit wechselnder Stärke der Komponenten unter dem Einfluß des Kontextes, sondern um drei verschiedene Lesarten der Oberflächenform stehen bleiben mit je besonderen Selektionsbedingungen.

Aufgaben

(1) Paraphrasieren Sie die der dritten Bedeutungsposition entsprechenden Interpretationen von Satz (1) und Satz (2).

(2) Geben Sie eine semantische Analyse von fallen in den Sätzen
Der Regen fällt
Der Soldat fällt
Das Thermometer fällt
Das Gelände fällt
Der Baum fällt
Die Schranke fällt

8 SEMANTISCHE BESCHREIBUNG VON A-FORMATIVEN

8.1 Syntaktische Aspekte und Selektionsbeschränkungen

Wir gehen von der einfachsten Satzstruktur aus, in der Adjektive verwendet werden können:

Das Buch ist dick

Sehr häufig steht das Adjektiv vor einem Substantiv:

Peter liest ein dickes Buch

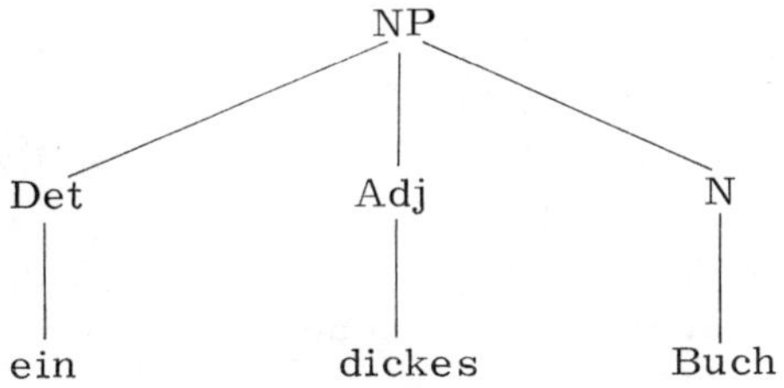

Diesen Stellungstyp fassen wir als Ergebnis einer Einbettungstransformation auf, die über folgende Stationen gelaufen ist:

↑ 3. Peter liest ein dickes Buch
2. Peter liest ein Buch, das dick ist.
1. Peter liest ein Buch. Das Buch ist dick.

Wir können also auch bei der Analyse attributiv gebrauchter Adjektive vom einfachen prädikativen Gebrauch ausgehen. (Eine detaillierte Klassifizierung der Adjektive nach ihren syntaktischen Merkmalen liefert: Wolfgang Motsch, Syntax des deutschen Adjektivs; Studia Grammatica III.) Fangen wir mit der Feststellung von Zuordnungsbeschränkungen an:

Der Kaffee ist süß	*Der Kaffee ist blind
Der Bettler ist blind	*Der Bettler ist süß

Man könnte auf dieser Basis eine Kategorisierung aller Substantive durchführen, und zwar in solche, die mit süß verbindbar sind und in solche, die mit blind verbindbar sind und entsprechend mit allen Adjektiven des Deutschen verfahren.. Unter Benützung der Merkmalbeschreibung der Substantive könnte man auf diese Weise gewisse Regularitäten erkennen, z.B. daß blind überwiegend Verbindungen mit Substantiven eingeht, die in ihrer Merkmalbeschreibung ⟨+ konkret⟩ ⟨+ belebt⟩ aufweisen; daneben natürlich wird man auf Verbindungen stoßen wie

das blinde Fenster
der blinde Spiegel

und auch

der blinde Zorn
das blinde Vertrauen

deren Merkmalbeschreibung so aussieht:

[⟨+ konkret⟩
⟨- belebt⟩]
Fenster
Spiegel

[⟨- konkret⟩
⟨- belebt⟩]
Zorn
Vertrauen

Die isolierte Stellung dieser Fälle käme deutlich zum Vorschein, wenn man den entsprechenden Verteilungsbefund von Adjektiven wie

taub, lahm, klug, jung

zum Vergleich heranziehen würde; während die Substantivmenge, die Merkmale [⟨+ konkret⟩ ⟨+ belebt⟩] aufweist und mit blind verbindbar ist, auch mit taub, lahm, klug, jung verbindbar ist, fallen Substantive mit anders strukturiertem Merkmalkomplex heraus (vgl. aber die taube Nuß, die lahme Ausrede). Dieser Befund genügt bereits, um die Hypothese aufzustellen, daß es sich bei diesen Fällen um verschiedene Bedeutungen des Adjektivs handle. Es können also innerhalb der Menge aller Adjektive Subkategorisierungen vorgenommen werden, die in Abhängigkeit von der Struktur des Merkmalkomplexes des Substantivs die Einbaumöglichkeiten des adjektivischen Formativs in die Basiskette beschränken. Eine korrekte Anwendung des Adjektivs blond z.B. müßte durch folgende Angabe im Lexikon gesichert sein:

⟨NP: ⟨Mensch⟩⟩

um zu garantieren, daß nur Sätze wie

Der Junge ist blond
Das Mädchen ist blond

nicht aber

*Das Pferd ist blond
*Der Teppich ist blond

entstehen.
Die Beschränkung für blond ist genau genommen nicht ⟨Mensch⟩, sondern ⟨menschliches Haar⟩, d.h. es ist noch eine ⟨Teil von⟩-Relation dazwischenzuschalten.

8.2 Die polare Struktur der deutschen Adjektive

Neben den Verbindbarkeitskriterien (Selektionsbeschränkungen), die sich aus der Struktur des Merkmalkomplexes des zum Satz gehörenden substantivischen Formativs ergeben, gibt es bei den Adjektiven noch andere formale Strukturverhältnisse, die bei einer semantischen Beschreibung berücksichtigt werden müssen, vor allem das Strukturprinzip der Polarität. (Adaptiert aus: Manfred Bierwisch, Some Semantic Universals of German Adjectivals.)
Viele Adjektive lassen sich unter dem Gesichtspunkt des Gegensatzes zu Paaren ordnen

lang	heiß	scharf	klug	fett	wahr	hart
kurz	kalt	mild	dumm	mager	falsch	weich

In die Beschreibung solcher Adjektive kann man also ein Merkmal ⟨Polarität⟩ aufnehmen, um anzudeuten, daß dieses Adjektiv in einer direkten Oppositionsbeziehung zu einem bestimmten anderen Adjektiv steht; diese Adjektive sind durch dieses Merkmal als besondere Klasse gegenüber anderen Gruppen von Adjektiven ausgezeichnet, die keine solchen Oppositionsbeziehungen kennen, wie z.B. die Farbadjektive

rot, gelb, grün, blau, braun

oder die Gebrechen-Adjektive

blind, taub, lahm, heiser, stumm

In der semantischen Beschreibung dieser A-Formative fehlt das Merkmal ⟨Pol⟩. Oppositionsbeziehungen ähnlicher Art bestehen übrigens auch bei den Substantiven:

Freund	Liebe	Leben
Feind	Haß	Tod

und bei den Verben:

steigen	lachen	schieben
sinken	weinen	ziehen

Die Motivation für die Einführung dieses intuitiv erfaßten Merkmals ⟨Pol⟩ bilden die Synonymik-Beziehungen zwischen Sätzen wie

Der Speck ist zu hart	-	Der Speck ist nicht weich genug
Der Speck ist nicht zu hart	-	Der Speck ist weich genug

Nur Adjektive mit dem Merkmal ⟨Pol⟩ treten in diese Beziehungen ein; vgl.

*Das Mädchen ist nicht schwanger genug
*Der Soldat ist nicht tot genug

Den Rahmen, innerhalb dessen die Polarität besteht, nennen wir "die Skala R". Adjektive wie groß/klein sind keine absoluten Angaben über Größe oder Kleinheit; der Bezugsmaßstab wird durch den Situationskontext vorgegeben: eine große Maus ist immer noch kleiner als eine kleine Katze. Wir sprechen hier von einer Erwartungsnorm: Mäuse und Katzen haben in unserer Vorstellung eine bestimmte Durchschnittsgröße (die nicht mit der empirisch-statistisch ermittelten Durchschnittsgröße für Mäuse und Katzen übereinzustimmen braucht, sondern die sich nach der erfahrungsgemäßen Normalgröße der Mäuse in unserer Umgebung richtet). Mäuse, die im Hinblick auf ihre Größe über dieser Norm liegen, sind groß, die darunter liegen, klein. (Davon zu unterscheiden ist die "kleine Maus" in der Kindersprache oder die "großen Kamele" in dem Schlager "Ein Besuch im Zoo": klein und groß beziehen sich hier auf die relative Größe aller Tiere des eigenen Erfahrungsbereiches). Weiter zu unterscheiden ist der Gebrauch der Adjektive in Ausdrücken wie ein kleiner Dieb, ein kleiner Beamter, der auch auf ein "Format" bezogen ist, wo aber die Skala nicht räumlich charakterisiert ist, sondern soziologisch, auf eine Hierarchie bezogen.
Ähnliche Verhältnisse bestehen bei teuer, billig. Wir stellen das im Schema dar:

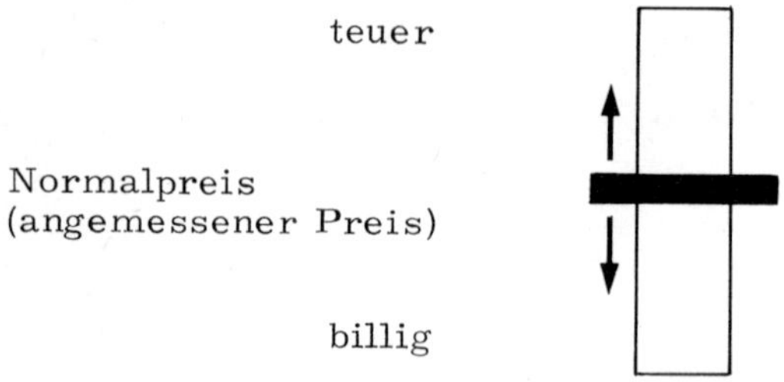

Preisskala für Ware

Die Tomaten sind billig

bedeutet: Ihr Preis unterschreitet die vom Sprecher erwartete Höhe. Dieselbe Sache kann für A billig, für B teuer sein; z.B. ist russischer Sekt in Prag für westdeutsche Touristen billig, für die Bewohner von Prag teuer. Die Grundlage der Relativ-Bedeutung von billig und teuer sind die relativen Mengenangaben wenig und viel; es bestehen Äquivalenzbeziehungen zwischen:

Die Tomaten sind billig - kosten wenig
Die Tomaten sind teuer - kosten viel

Man kann annehmen, daß Normfestsetzung eine menschliche Perzeptionskategorie ist und als solche in bestimmten Bereichen des Wortschatzes, z.B. bei den Adjektiven, ihren Niederschlag findet, wobei für die entgegengesetzten Abweichungstendenzen Formative im Lexikon vorhanden sind. Wir halten fest: Adjektive mit dem Merkmal ⟨Pol⟩ bezeichnen nicht einfach eine Eigenschaft, sondern verweisen auf eine Maßskala, die an ein Phänomen angelegt wird (Erwartungsnorm) und geben die Tendenz der Abweichung von dieser Norm an.

8.22 Bei den Adjektiven mit dem Merkmal ⟨Polarität⟩ kann man eine Rangordnung innerhalb der Gegensatzpaare einführen. Als Kriterium diene die Beobachtung, daß sich die Adjektive in folgenden Sätzen verschieden verhalten:

(1) Dieser Baumstamm ist nur halb so dick wie jener
*Dieser Baumstamm ist nur halb so dünn wie jener

(2) Dieser Baumstamm ist doppelt so dick wie jener
*Dieser Baumstamm ist doppelt so dünn wie jener

Solche Qualifizierungen können also nur an bestimmten Adjektiven, wie z.B. an dick vorgenommen werden; Verbindungen mit dem Gegenpol ergeben abweichende Sätze.
Innerhalb jedes Oppositionspaares herrschen solche Qualifizierungsbedingungen, so daß man in das Merkmal ⟨Pol⟩ diese Bedingungen aufnehmen kann: Wir zeichnen dick mit ⟨+ Pol⟩ und dünn mit ⟨- Pol⟩ aus. ⟨+⟩ und ⟨-⟩ sind hier nicht als Vorhandensein und Fehlen zu interpretieren, sondern als "oben in der Skala R" und "unten in der Skala R".
Auch das Merkmal ⟨+ Pol⟩ gibt nur eine generelle und formale Information. Selbst bei Angabe von ⟨+ Pol⟩ sind noch viele Adjektive gegeneinander austauschbar, ohne daß ihre semantischen Merkmale selbst damit näher beschrieben wären. Es ist auffällig, daß der größte Teil der mit ⟨+ Pol⟩ ausgezeichneten Adjektive nach den verschiedenen Perzeptionskategorien des Menschen ausgerichtet ist:

Tastsinn:	spitz stumpf	hart weich	rauh glatt	leicht schwer	stark schwach	
Gehörsinn:	laut leise	hell dunkel	hoch tief	(z.B. im Hinblick auf die menschliche Stimme)		
Gesichtssinn:	klar trüb	hell dunkel				
Geschmackssinn:	scharf mild	süß sauer	stark schwach			
Raum:	lang kurz	weit eng	breit schmal	hoch niedrig	dick dünn	groß klein
Zeit:	alt jung	lang kurz	schnell langsam	früh spät		
Bewegung:	flink träge	schnell langsam				

Die Zugehörigkeit zu einer solchen Gruppe ist ebenfalls als semantisches Merkmal bei der Beschreibung der Adjektive anzusehen; innerhalb der mit einem solchen Merkmal ausgezeichneten Klassen gibt es spezifizierte Zuweisungen von Polarität, z. B.

schnell

```
⟨+ A⟩
⟨+ Pol⟩
⟨Beweg⟩
```

Eine ganze Reihe von Adjektiven haben "doppelte Antonyme", z. B.

alt ↗ jung, ↘ neu	leicht ↗ schwer, ↘ schwierig	heiter ↗ trüb, ↘ betrübt	falsch ↗ richtig, ↘ aufrichtig

In der Lexikonbeschreibung wird man am besten von

alt^1	alt^2	leicht^1	leicht^2
jung	neu,	schwer	schwierig

usw. ausgehen, d.h. von Adjektivpaaren vom homophonen Antonymen. Ausschlaggebend ist, daß zur Merkmalzuweisung z. B. ⟨relatives Alter⟩ noch Selektionsbeschränkungen im Hinblick auf die N-Formative hinzukommen:

jung

```
⟨+ A⟩
⟨+ Grad⟩
   .
   .
   .
⟨- Pol⟩
⟨rel. Alter⟩
⟨NP: ⟨+ belebt⟩⟩
   .
   .
```

neu

```
⟨+ A⟩
⟨+ Grad⟩
   .
   .
   .
⟨- Pol⟩
⟨rel. Alter⟩
⟨NP: ⟨- belebt⟩⟩
   .
   .
```

8.3 Die semantische Beschreibung der Adjektive mit dem Merkmal ⟨Raum⟩

Wir wollen uns an Hand der Beispiele Bierwischs genauer mit Raum-Adjektiven beschäftigen, also mit Adjektiven wie

lang	breit	hoch	dick	tief	
kurz	schmal	niedrig	dünn	seicht	usw.

Die Skala R kann man hier mit "räumliche Verhältnisse" umschreiben. Unter der Voraussetzung, daß das N-Formativ, auf das sich die jeweilige Größenangabe bezieht, in seiner semantischen Beschreibung das Merkmal ⟨+ konkret⟩ hat, könnten wir z. B. lang, breit und hoch z. B. in Verbindung mit Haus durch die geometrischen Dimensionen charakterisieren:

lang	breit	hoch
$\begin{bmatrix} \langle + \text{Pol} \rangle \\ \langle 1\ \text{Dim} \rangle \end{bmatrix}$	$\begin{bmatrix} \langle + \text{Pol} \rangle \\ \langle 2\ \text{Dim} \rangle \end{bmatrix}$	$\begin{bmatrix} \langle + \text{Pol} \rangle \\ \langle 3\ \text{Dim} \rangle \end{bmatrix}$

(Dim ersetzt hier die ausführliche Angabe des Gruppierungsmerkmals ⟨Raum⟩). Wenn wir uns die Verteilung dieser Adjektive bei der Verbindung mit anderen Substantiven vor Augen halten, so sehen wir, daß für die dritte Dimension verschiedene Adjektive eintreten:

	1 Dim	2 Dim	3 Dim
Haus	lang	breit	hoch
Brett	lang	breit	dick
Schrank	hoch	breit	tief

Es ergibt sich auf diese Weise, daß die Adjektive in ihrer Anwendung auf die verschiedenen Dimensionen von der semantischen Struktur der Substantive abhängig sind. Daher ist es notwendig, um die angemessene Verbindung von Substantiv und Raum-Adjektiv zu gewährleisten, daß in der semantischen Beschreibung der Adjektive die Merkmale der räumlichen Struktur der Substantive angegeben werden.

Von der Geometrie her sind die drei Dimensionen gleichberechtigt. Von der menschlichen Perzeptionsweise her scheint es aber so zu sein, daß die vertikale Achse deutlich vor der horizontalen ausgezeichnet ist; während lang und breit Erstreckungen in der Horizontalen bezeichnen, spiegeln hoch und tief die vertikale Dimension wieder. Dieses Merkmal ⟨vertikal⟩, das auch in anderem Zusammenhang als semantische Kategorie relevant ist, unterscheidet also hoch von lang und breit:

hoch	lang	breit
$\begin{bmatrix} \langle + \text{Pol} \rangle \\ \langle + \text{vert} \rangle \end{bmatrix}$	$\begin{bmatrix} \langle + \text{Pol} \rangle \\ \langle - \text{vert} \rangle \end{bmatrix}$	$\begin{bmatrix} \langle + \text{Pol} \rangle \\ \langle - \text{vert} \rangle \end{bmatrix}$

Die Verbindbarkeit von hoch und lang mit Stange, Pfosten, Balken ist in diesem Zusammenhang von Interesse:

(1)	Die Stange ist hoch	Die Stange ist lang
(2)	Der Pfosten ist hoch	*Der Pfosten ist lang
(3)	*Der Balken ist hoch	Der Balken ist lang

Der Grund für diese Verteilung scheint darin zu suchen zu sein, daß Pfosten normalerweise im Boden eingerammt sind; die Information ⟨+ vert⟩ wird hier also durch den Situationskontext geliefert, ebenso bei Balken, die vorwiegend in der Horizontalen gesehen werden (Brückenbalken, Firstbalken).

Stange ist in dieser Hinsicht neutral: hoch und lang geben aber hier deutlich die Position an, in der man sich die Stange vorzustellen hat: wenn hoch, dann 'aufgerichtet' (⟨+ vert⟩), wenn lang, dann 'liegend' (⟨- vert⟩).
Nun gibt es aber Substantive, wie z.B. Turm, die gewöhnlich nur in aufgerichtetem Zustand vorkommen, so daß nur der Satz

Der Turm ist hoch   akzeptabel ist, nicht aber
*Der Turm ist lang

Dementsprechend verhalten sich Substantive wie Pfeife entgegengesetzt:

Die Pfeife ist lang
*Die Pfeife ist hoch

Wenn es zum Programm einer Grammatik gehört, Regeln aufzustellen, die alle und nur die wohlgeformten Sätze einer Sprache ergeben, so ist für die Verbindbarkeit des Substantivs mit dem Adjektiv schon in der Lexikonbeschreibung Sorge zu tragen, d.h. in die semantische Beschreibung der Substantive sind diejenigen Merkmale aufzunehmen, die die Selektion der mit ihn verbindbaren Adjektive regulieren; die Raumrelationen gehören z.B. zu diesen Merkmalen.

Aufgaben

(1) Geben Sie eine Merkmalbeschreibung der Adjektive in den Sätzen

(a) Der Balken ist dick
Der Bleistift ist dünn
Der Junge ist schlank

(b) Der Tisch ist hoch
Der Teller ist flach
Der Fluß ist seicht

(2) Charakterisieren Sie die folgenden N-Formative nach den angemessenen Dimensionsbezeichnungen (nur ⟨+ Pol⟩):

	1 Dim	2 Dim	3 Dim
Truhe			
Schornstein			
Wurm			
Kleid			
Buch			

8.4 Die Polysemie von Adjektiven

Die Lexikonbeschreibung der Adjektive hat also zwei Aspekte:

1. Die Vorstrukturierung der Selektionsbeziehungen zwischen bestimmten Adjektiven und Substantiven durch Aufnahme von entsprechender semantischer Information in die Merkmalbeschreibung des Substantivs.
2. Die Beschreibung der semantischen Struktur des einzelnen Adjektivs selbst.

Mit Hilfe dieser beiden Informationsmengen können die Bedingungen formuliert werden, die semantisch akzeptable Sätze zulassen und unakzeptable ausschließen.

Eine konsequente semantische Beschreibung z.B. der Adjektiv-Substantiv-Beziehungen stößt auf gewisse Darstellungsschwierigkeiten: Soll man im Falle von scharf in folgenden Beispielen

ein scharfes Messer
ein scharfes Bild
ein scharfer Schnaps
ein scharfer Hund
eine scharfe Antwort

verschiedene isolierte Bedeutungen für scharf ansetzen und die Selektionsbeschränkungen für jede einzelne dieser Bedeutungen von scharf formulieren, oder ist es möglich, so etwas wie eine "Grundbedeutung" von scharf festzustellen und die verschiedenen Bedeutungen als Varianten aufzufassen, die sich unter dem Einfluß des sprachlichen Kontexts (in diesem Fall der verschiedenen Substantive) entfalten?

Wir geben hier anhand des Beispiels grün eine kurze Darstellung und Kritik des Lösungsvorschlags von W. Schmidt (Lexikalische und aktuelle Bedeutung). Das Adjektiv grün kann unter anderem in folgenden Verbindungen auftreten:

(1) das grüne Auto	'farbig'
(2) die grüne Saat	'frisch, sprießend'
(3) das grüne Obst	'unreif'
(4) der grüne Hering	'roh, ohne Zubereitung'
(5) der grüne Junge	'unerfahren'

Man kann nach Schmidt im Falle grün unterscheiden zwischen einer Hauptbedeutung, d.h. der Bedeutung, die z.B. bei isolierter Nennung des Wortes von den meisten kompetenten Sprechern angegeben wird, etwa auf die Frage: Was bedeutet grün? Antwort: grün ist die Bezeichnung für eine bestimmte Farbe.

Ein weiteres Kriterium für die Hauptbedeutung ist ihre projektive Kraft, z.B. in Sätzen wie

Er hat eine Menge von diesem grünen Zeug { gesehen / gekauft / getrunken / gegessen }

Nur die Bedeutungen 'von bestimmter Farbe' und 'unreif' treten gelegentlich in Konkurrenz, wobei die erstere dominiert. Ein Großteil der Gebrauchsfälle von grün ist damit erfaßt, und die semantische Analyse hat in Fällen wie ein grünes Auto, eine grüne Uniform, eine grüne Pille, usw. schon ihre Grenze erreicht, denn die weitere Bestimmung von grün ist nur noch auf ostensivem Wege möglich. Bei einer Analyse der Verbindbarkeitsklassen zeigt sich aber, daß im Kontext bestimmter Substantive grün neben der reinen Farbbezeichnung noch weitere Bedeutungskomponenten enthält, z.B. im Falle grünes Obst neben der Komponente ⟨Farbe⟩ noch die Komponente ⟨unreif⟩, die in der Sprachverwendung sogar die dominierende sein kann. Im Falle grüner Hering fehlt die Farbkomponente völlig; grün hat in der Verbindung mit einer kleinen Substantivklasse (Heringe, Klöße, Speck) die Bedeutung 'roh'. Am Beispiel grüner Junge wird deutlich, daß grün in der Bedeutung 'unerfahren' nur in Verbindung mit Junge auftritt; grünes Mädchen oder grüner Arzt sind nicht gebräuchlich. Wir können auch sagen: Die projektive Wirkung von grün mit der Bedeutung 'unerfahren' ist minimal. Man könnte nun den bisher dargestellten Sachverhalt so interpretieren, daß grün neben der Hauptbedeutung 'von bestimmter Farbe' die anderen Bedeutungen ('frisch', 'roh', 'unreif', 'unerfahren') als Nebenbedeutungen aufweist, und daß diese Nebenbedeutungen dann aktualisiert werden, wenn ein Substantiv aus den speziellen Klassen als sprachlicher Kontext auftritt.
Die Polysemie von grün stellt sich aber als Problem nur von der Oberfläche her: wenn nämlich der Versuch unternommen wird, alle Verwendungsweisen von grün zueinander in Beziehung zu setzen und daraus ein System zu konstruieren; erst dann ist es notwendig, Brücken zu konstruieren, wie z.B. zwischen grünes Obst ('unreif') und grüner Junge ('geistig unreif'). Beziehungen dieser Art werden oft als "Bedeutungsübertragung" oder "Metaphorik" bezeichnet. Vom Standpunkt einer deskriptiven strukturellen Semantik aus gibt es prinzipiell keine Bedeutungsübertragung, sondern nur Verbindbarkeitsklassen und feststellbare Bedeutungsunterschiede. Die verschiedenen "Bedeutungen" von grün sind vom Sprecher her gesehen distinkte Merkmalstrukturen, denen auf der Oberfläche gemäß den Selektionsregeln die Phonemkette /grü:n/ entspricht; auch der Hörer ordnet jedem Vorkommen von grün, soweit es ihm der Kontext erlaubt, ein distinktes Merkmalbündel zu. Die möglichen Bedeutungen von grün gehören als gespeichertes lexikalisches Wissen der Sprachkompetenz an und sind separat darzustellen; die Frage der Beziehungen zwischen den einzelnen Merkmalbündeln, die an der Oberfläche durch ein und dieselbe Phonemkette repräsentiert werden, ist ein sekundäres Problem, das vorwiegend als diachron aufzufassen ist und daher im Rahmen dieses Arbeitsheftes nicht behandelt werden kann.

Aufgaben

(1) Geben Sie eine Bedeutungsbeschreibung von blau anhand des folgenden Beispielmaterials und stellen Sie Verbindbarkeitsklassen auf:

ein blauer Himmel
eine blaue Bluse
ein blaues Auge
ein blauer Montag
eine blaue Blume

(2) Diskutieren Sie anhand des Beispiels grüner Junge die These, daß "Bedeutungsübertragung" kein synchron und generativ interpretierbarer Vorgang sei.

8.5 Die Semantik der wertenden Adjektive

Abschließend werfen wir einen kurzen Blick auf die Adjektive schön und gut. Ähnlich wie die Raumadjektive sind auch diese wertenden Adjektive durch ⟨Pol⟩ charakterisiert und müssen relativ, d.h. auf eine Maßskala bezogen, interpretiert werden:

schön	gut
häßlich	böse

könnte man durch Merkmale wie ⟨ästhetisch⟩ und ⟨moralisch⟩ voneinander unterscheiden. Wenn jemand sagt

(1) Dieses Mädchen ist schön

so stellt er damit nicht ein an der objektiven Realität überprüfbares Merkmal fest, wie etwa mit dem Satz

(2) Dieses Mädchen ist schwanger

sondern er stuft das Mädchen auf seiner ästhetischen Wertskala ein; Satz (1) hat für den Gesprächspartner den Informationswert: In der ästhetischen Wertskala von X (= Sprecher) rangiert dieses Mädchen "oben". Das Zustandekommen dieser Wertskala ist ein kulturpsychologisches Problem, das außerhalb der Semantik liegt. Durch Erziehung und Bildung kann sich eine einheitliche Wertskala in einer Gesellschaft entwickeln, und daraus kann der Eindruck entstehen, schön sei eine objektiv feststellbare Eigenschaft (wie etwa schwanger), aber es läßt sich nachweisen, daß verifizierbare Kriterien im Sinne von Merkmalen des "objektiven Korrelats" (an "schönen Gegenständen") nicht zu isolieren sind.
Auch das Adjektiv gut ist nicht ein objektives Merkmal des Phänomens, auf das es bezogen wird. Es bezieht sich auf das Maß, in dem die Ansprüche, die man an ein Ding stellt, erfüllt werden. Die Art der Ansprüche ist abhängig vom Bezugsphänomen:

(1) Das ist ein gutes Messer
(2) Er ist ein guter Schachspieler

Während im Satz (1) Brauchbarkeitsmaßstäbe im Spiel sind (Eignung für einen bestimmten Zweck: Schärfe, Dauerhaftigkeit, Festigkeit), ist X im Hinblick auf seine Tüchtigkeit im Schachspielen charakterisiert; gut ist also nicht etwa auf ⟨moralisch⟩ festgelegt, wie auch das Beispiel

(3) Er ist ein guter Einbrecher

zeigt; allein der Satz

(4) Er ist ein guter Mensch

könnte mit ⟨moralisch⟩ charakterisiert werden; das liegt an der generellen Bedeutung von Mensch. Während alle Verwendungsweisen von gut relativ zu Zweckvorstellungen oder Rollenvorstellungen interpretierbar sind, wird im Satz (4) offenbar auf eine Skala sittlicher Werte abgehoben, die für alle Menschen Geltung haben soll. Wir geben für gut in Anlehnung an F.E. Sparrshott eine formale Definition: "Zu sagen 'X ist gut' bedeutet: X erfüllt die Ansprüche, die man an X stellt." Erst durch die Konkretisierung von man erhält gut einen Inhalt.

Aufgaben

(1) Diskutieren Sie die Bedeutung von wahr unter Berücksichtigung von H.-J. Heringers Satz: "Das Wahre ist das, worüber man Einverständnis erzielt hat", (Vorwort zur "Deutschen Syntax").

(2) Versuchen Sie eine linguistische Formulierung des englischen Sprichworts "Beauty is in the eye of the beholder" zu geben.

SCHLUSSBEMERKUNG:

Die in den einzelnen Kapiteln eingestreuten "Aufgaben" sind als Anregungen für Seminardiskussionen oder Hausaufgaben gedacht. Es geht vor allem darum, die semantischen Probleme von den konkreten Beispielen her — und zwar von möglichst vielen und verschiedenartigen Beispielen her — anzugehen.

9 LITERATURHINWEISE

(Dieses Verzeichnis enthält nur die im Arbeitsheft unmittelbar verwendete Literatur.)

Abraham, W. und R.I. Binnick: Syntax oder Semantik als erzeugende Komponenten eines Grammatikmodells? In: Linguistische Berichte 4 (1969), S. 1-28.

Baumgärtner, K.: Die Struktur des Bedeutungsfeldes. In: Satz und Wort im heutigen Deutsch. Hg. von H. Moser. Düsseldorf 1967, S. 165-197.

-: Synästhesie und das Problem sprachlicher Universalien. In: Zeitschrift für deutsche Sprache 25 (1968), S. 1-64

Bendix, E.H.: Componential Analysis of General Vocabulary. Indiana 1966.

Bierwisch, M.: Some Semantic Universals of German Adjectivals. In: Foundations of Language 3 (1967), S. 1-36 [Deutsche Übersetzung in: Vorschläge für eine strukturale Grammatik des Deutschen. Wege der Forschung 146. Hg. von H. Steger. Darmstadt 1970, S. 269-318].

-: Strukturelle Semantik. In: Deutsch als Fremdsprache 6 (1969), S. 66-74.

-: Eine Hierarchie syntaktisch-semantischer Merkmale. In: Syntaktische Studien (Studia Grammatica V). Berlin 1966, S. 29-86.

-: Grammatik des deutschen Verbs. In: Studia Grammatica II. 5Berlin 1967.

Campbell, B.: Linguistic Meaning. In: Linguistics 33, 1967, S. 5-33.

Chomsky, N.: Aspects of the Theory of Syntax. Cambridge, Mass. 1965 [Deutsche Übersetzung: Aspekte der Syntax-Theorie. Frankfurt a.M. 1969.]

-: Deep Structure, Surface Structure, and Semantic Interpretation. Indiana 1969.

Coseriu, E.: Lexical Structures and the Teaching of Vocabulary. In: Linguistic Theories and Their Application. Aidela 1967, S. 9-90.

-: Probleme der Romanischen Semantik. Vorlesung gehalten im WS 1965/66 an der Universität Tübingen. Autorisierte Nachschrift besorgt von D. Kastovsky und W. Müller.

-: Lexikalische Solidaritäten. In: Poetica 1,3 (1967), S. 293-303.

-: Semantik, innere Sprachform und Tiefenstruktur. Hg. vom Romanischen Seminar Tübingen 1969 [Auch in: E. Coseriu: Sprache, Strukturen und Funktionen. (Tübinger Beiträge zur Linguistik 2.) Tübingen 1970, S. 213-224.]

Gauger, H.-M.: Die Semantik in der Sprachtheorie der transformationellen Grammatik. In: Linguistische Berichte 1 (1969), S. 1-18.

Grebe, P.: Der semantisch-syntaktische Hof unserer Wörter. In: Wirkendes Wort 16 (1966), S. 361-364. [Auch in: Satz und Wort im heutigen Deutsch. Düsseldorf 1967, S. 109-114.]

Helbig, G. und W. Schenkel: Wörterbuch zur Valenz und Distribution deutscher Verben. Leipzig 1969.

Henne, H. und H.E. Wiegand: Geometrische Modelle und das Problem der Bedeutung. In: Zeitschrift für Dialektologie und Linguistik 2 (1969), S. 129-173.

Jacobs, R.A. und P.S. Rosenbaum: English Transformational Grammar. Waltham, Mass. / Toronto / London 1968.

Katz, J.J.: The Philosophy of Language. New York/London 1966. [Deutsche Übersetzung: Philosophie der Sprache. Frankfurt a.M. 1969.]

-: Interpretative Semantics vs. Generative Semantics. In: Foundations of Language 6 (1970), S. 220-259.

-: und P.M. Postal: An Integrated Theory of Linguistic Descriptions. Cambridge, Mass. 1964.

-: und J. Fodor: The Structure of a Semantic Theory. In: Language 39 (1963), S. 170-210. [Deutsche Übersetzung in: Vorschläge für eine strukturale Grammatik des Deutschen. Die Struktur einer semantischen Theorie. Hg. von H. Steger. Darmstadt 1970, S. 202-268.]

Katz, J.J.: The Semantic Component of a Linguistic Description. In: Zeichen und System der Sprache III, Berlin 1966, S. 195-224.
Krenn, H. und K. Müllner: Generative Semantik. In: Linguistische Berichte 5 (1970), S. 85-106.
Langendoen, T.D.: The Study of Syntax. The Generative - Transformational Approach to the Structure of American English. New York 1969.
Leisi, E.: Der Wortinhalt. Seine Struktur im Deutschen und Englischen. 2Heidelberg 1961.
Lerot, J.: Zur Integration der Semantik in die Transformationsgrammatik. In: Beiträge zur Linguistik und Informationsverarbeitung 18 (1970), S. 7-21.
Lyons, J.: Structural Semantics, Oxford 1967.
McCawley, J.D.: Lexical Insertion in a Transformational Grammar without Deep Structure. In: Papers from the Fourth Regional Meeting Chicago Linguistic Society. Chicago 1968, S. 71-80.
-: The Role of Semantics in a Grammar. In: Universals in Linguistic Theory. Hg. von E. Bach und R. T. Harms. New York 1968, S. 124-169.
Motsch, W.: Syntax des deutschen Adjektivs. (Studia Grammatica III) Berlin 1968.
-: Zur Stellung der Wortbildung in einem formalen Sprachmodell (Studia Grammatica I), 5Berlin 1967, S. 31-50.
Polenz, P. von: Ableitungsstrukturen deutscher Verben. In: Zeitschrift für deutsche Sprache 24 (1969), S. 1-15 und S. 129-160.
-: Der Pertinenzdativ und seine Satzbaupläne. In: Festschrift für H. Moser, Düsseldorf 1969, S. 146-171.
Rosenbaum, P.S.: Specification and Utilization of a Transformational Grammar. New York 1967.
Šmelev, D.N.: Ob analize semantičeskoj struktury slova. In: Zeichen und System der Sprache III, Berlin 1966, S. 98-105.
Schmidt, W.: Lexikalische und aktuelle Bedeutung. Ein Beitrag zur Theorie der Wortbedeutung. (Schriften zur Phonetik, Sprachwissenschaft und Kommunikationsforschung 7) Berlin 1963.
Sparrshott, F.E.: An Enquiry into Goodness and Related Concepts; with some Remarks on the Nature and Scope of such Enquiries. Toronto 1958.
Thompson, R.A.: Transformational Theory and Semantic Analysis. In: Journal of Linguistics IV (1968), S. 73-78.
Tübinger Autorengruppe 1970: Transformationelle Schulgrammatik. Erster Versuch. (Göppinger Akademische Beiträge Nr. 7).
Ullmann, S.: Semantics. An Introduction to the Science of Meaning. Oxford 1962.
-: The Principles of Semantics. Oxford 1957. [Deutsche Übersetzung: Grundzüge der Semantik. Berlin 1967.]
-: Language and Style. Oxford 1966, Deutsche Ausgabe: Sprache und Stil. Aufsätze zur Semantik und Stilistik. Tübingen 1971.
Wahrig, G.: Neue Wege in der Wörterbucharbeit. (Berichte des Instituts für Buchmarkt-Forschung. Sondernummer) Hamburg (1968).
Weinreich, U.: Explorations in Semantic Theory. In: Current Trends in Linguistics Bd. III. Den Haag 1966, S. 395-477. [Deutsche Übersetzung: Erkundungen zur Theorie der Semantik. Tübingen 1970.]
-: On the Semantic Structure of Language. In: Universals of Language, ed. by J.H. Greenberg, 2nd ed. Cambridge, Mass. 1968, S. 142-216.
Werner, O.: Strukturelle Grammatik des Deutschen. Eine Einführung. Vorlesung gehalten im WS 1968/69 an der Universität Tübingen.
-: Einführung in die strukturelle Beschreibung des Deutschen. Teil I. (Germanistische Arbeitshefte 1) Tübingen 1970.
Wheatley, J.: Language and Rules. Den Haag 1970.
Wotjak, G.: Untersuchungen zur Struktur der Bedeutung. Berlin 1971.
(Ein zusammenfassender Überblick über die neuere strukturelle Semantikforschung, der allerdings nur Forschungsliteratur bis 1966 erfaßt.)